Vive
: la vie...
EN FAMILLE

VOLUME **7**

Mes parents se **Séparent...** et moi alors?

La séparation des parents et les familles recomposées

LES ÉDITIONS
LA PRESSE

À Raymond et Johanne, vous qui m'avez appris tant sur le sujet...

À tous les gens qui ont vécu la séparation de parents, que vous soyez petit ou grand...

... Je souhaite de tout mon cœur que vous restiez confiant en la possibilité de vivre une relation amoureuse harmonieuse et durable!

Remerciements

La première personne que je tiens à remercier, c'est Sébastien, mon conjoint. Il me soutient durant mes nombreuses heures de travail. Il pourrait presque devenir lui-même psychologue à force de lire tout ce que j'écris et de m'entendre tous les jours parler de ma passion pour mon métier. Il ne cesse jamais de m'encourager et de me motiver dans mes moments de fatigue. Si je peux travailler autant à aider les parents, c'est grâce à lui!

Ma belle-fille Laurence, petit rayon de soleil que j'adore, me donne le goût d'être mère et m'apporte, bien au-delà de la théorie, une idée plus concrète des implications d'être parent ou beau-parent aujourd'hui. Elle est la meilleure d'entre tous pour me convaincre de mettre le travail de côté un moment pour retrouver le plaisir de jouer!

Mon père est probablement la personne la plus fière de moi. Étant enseignant, il m'a transmis le goût de vulgariser et d'expliquer les choses de façon claire, simple et accessible. Il m'a également transmis sa façon imagée d'expliquer des choses parfois bien compliquées. Si je peux faire ce travail aujourd'hui, c'est parce qu'il m'a encouragée tout au long du parcours qui mène à la profession de psychologue.

Mes beaux-parents m'encouragent beaucoup et m'ont même aidée à trouver un titre pour cette collection!

Mes amis de longue date, qui se reconnaîtront, croient en moi, et m'ont toujours laissé travailler un peu plus que la moyenne sans rouspéter contre mes manques de disponibilité. Eux aussi parviennent presque aussi bien que Laurence à m'intéresser à d'autres sujets que la psycho…

Dominique, mon associée et agente qui me guide si bien dans ma nouvelle carrière de communicatrice et qui ne pouvait pas arriver plus à point dans ma vie!

Martin et Martine, les éditeurs qui ont cru en ce projet, m'ont guidée dans ce nouveau rôle d'auteure. Ils m'ont fait confiance et m'ont donné confiance…

Monsieur André Provencher m'a attentivement écoutée lorsque je lui décrivais avec enthousiasme mon projet de collection et m'a ouvert toutes grandes les portes des Éditions La Presse.

Mes professeurs et mes mentors, qui ont participé à ma formation en psychologie et m'ont aidée à devenir la psychologue que je suis maintenant : Claude, Raymond, Johanne, Debbie, monsieur Guirguis, Françoys… il y a un peu de chacun d'eux dans tous les conseils que je vous donne à vous, les parents!

Toute l'équipe qui a travaillé à la production du documentaire « Mon corps dans ma tête » (diffusé sur les ondes de Canal Vie en septembre 2007)… ils ont contribué à m'aider à aider cinq adolescentes aux prises avec des problèmes d'image corporelle. Ces cinq mêmes adolescentes ont contribué à informer les téléspectateurs sur ce sujet fascinant et important qu'est l'image corporelle.

Magaly, étudiante au bac en psychologie et ancienne petite voisine, qui s'occupe de me procurer plusieurs articles de la documentation scientifique sur le sujet à la bibliothèque de son université.

Enfin, les gens clé autour de l'émission *D^{re} Nadia, psychologue à domicile* - Jean-Carl, Pierre-Louis, Jano, Micheline, Monique, Nadine, Sylvio, Anouck, Caroline, Pierre, Jonathan, Martin, Guy, Jean-Jacques, Édouard, Paul, Nathalie, Véronique, Line et Line – qui m'ont tous appris un second métier, la communication. Ils ont su m'aider à surmonter mon manque d'expérience, mes incertitudes et mes doutes en me donnant confiance en moi. Faire cette émission m'a procuré un sentiment de crédibilité sans lequel je ne suis pas certaine que j'aurais osé m'embarquer dans cette grande aventure que représente la collection *Vive la vie… en famille*.

À tout ce beau monde… un grand *merci!*

Avant-propos

Faire l'amour et avoir un enfant, c'est très facile… C'est d'éduquer l'enfant tout en l'aimant de façon inconditionnelle qui représente un véritable défi. Pour certains, l'aventure ne comporte pas trop d'obstacles, pour d'autres c'est une suite de moments positifs et de moments de crises… Même pour ceux qui ne rencontrent pas trop d'embûches, être parent aujourd'hui n'est pas facile. Ça donne parfois le vertige en plus de soulever quelques doutes sur soi et sur sa façon d'être.

Le contexte de la vie familiale a beaucoup changé, les deux parents travaillent, les enfants vont à la garderie, les parents se séparent et les familles se reconstituent. L'évolution technologique génère une certaine anxiété de performance chez plusieurs d'entre nous, car nous devons tout faire plus vite. Elle soulève également des dilemmes et des questionnements par rapport à l'éducation de nos enfants : Internet, téléphone cellulaire, jeux vidéo…

Cette collection ne se veut pas un mode d'emploi de la réussite familiale… Cela ne pourra jamais exister, car tous les enfants et tous les parents sont différents. Cet outil n'a pas pour but de donner des réponses toutes faites, mais plutôt de fournir des pistes de réflexion et de vous donner une meilleure confiance en votre jugement de parent. Évidemment, les connaissances scientifiques en psychologie comportementale y seront mises à profit, car certaines techniques sont, selon moi, vraiment très efficaces! Mais, il y a toujours des exceptions à la règle… des familles pour qui les stratégies proposées ne fonctionneront pas à 100 %. Pour ces gens, des pistes de questionnement, de réflexion et des ressources supplémentaires seront proposées afin de répondre à leur besoin particulier.

Malgré toutes les années que j'ai passées à étudier la psychologie, je crois toujours que chaque parent est l'expert de SON enfant. Les psychologues eux, connaissent bien les enfants en général, ce que la documentation scientifique nous apprend sur le développement de l'enfant et sur les différents troubles psychologiques qui peuvent affecter certains d'entre eux… mais chaque enfant est unique! La preuve, c'est qu'après plusieurs années à pratiquer la psychologie auprès d'une clientèle d'enfants et d'adolescents, ils m'étonnent toujours et je n'ai pas encore de sentiment de routine. Quand les psychologues tendent la main aux parents et que ces derniers sont ouverts et motivés à recevoir des informations sur le développement de l'enfant, c'est à ce moment que les petits miracles sont possibles!

Pourquoi une collection? Parce que rares sont les parents d'aujourd'hui qui ont le temps de lire une bible de 900 pages sur l'éducation des enfants. Mon but est de permettre à chaque parent d'aller chercher les outils qui le concernent le plus. Et puis, je me dois d'être honnête, cette formule me permet également de prendre le temps nécessaire pour me pencher sur chaque sujet en me demandant quelles informations aideraient VRAIMENT les parents!

Ma personnalité et la façon dont j'aborde naturellement les problèmes de la vie font en sorte que les livres de cette collection sont écrits sur un ton légèrement humoristique. Cette attitude permet de dédramatiser la détresse que peuvent vivre certains parents, sans pour autant la banaliser, puisque si je mets autant un tel effort à tenter d'aider les parents, c'est bien parce que je les prends au sérieux… De plus, le rire est un bon remède. Il permet de prendre un recul par rapport à notre situation et même parfois de mieux voir les solutions possibles. Il faut accepter que tout le monde fait des erreurs y compris soi-même, et en rire, ça veut dire les reconnaître, les accepter et être prêt à se retrousser les manches pour les réparer.

Bonne lecture et surtout, aimez vos enfants!

Dre Nadia Gagnier,
Psychologue

Table des matières

CHAPITRE 1

Mes parents se séparent... et moi alors?

Aujourd'hui, la séparation d'un couple est si fréquente que cela peut sembler un événement presque banal. En fait, ont dit qu'environ 50 % des couples se séparent. Peut-être que si vous lisez présentement ce livre, c'est justement parce que vous vous êtes séparé récemment. Il est même possible que vous fassiez partie des premières générations d'enfants du divorce si vos parents se sont eux-mêmes séparés quelque part entre les années 60 et 90.

Pourtant, ce n'est pas parce que la séparation d'un couple est un événement fréquent et qui semble maintenant banal, qu'il n'implique aucun bouleversement dans la vie des gens concernés. À la suite d'une rupture, on peut être drôlement secoué et traverser toutes les étapes d'un deuil.

Les enfants d'un couple qui se sépare vivent plusieurs émotions par rapport à cette rupture et n'ont pas beaucoup de pouvoir sur la situation. Même si aujourd'hui les enfants ont de nombreux amis dont les parents sont séparés et qu'ils savent qu'ils ne sont pas seuls à vivre ce genre de situation, cela ne veut pas nécessairement dire qu'ils accepteront bien la séparation de leurs parents ou qu'ils s'y adapteront facilement.

Pour cette raison, de nombreux chercheurs se questionnent encore sur les impacts du divorce (ou de la séparation) et des familles recomposées sur les enfants. Il s'agit d'un phénomène difficile à étudier pour la simple et bonne raison que c'est une question de « cas par cas »...

Les parents sont aujourd'hui de plus en plus conscients des impacts que pourrait avoir leur séparation sur leurs enfants et se posent beaucoup de questions sur les moyens de minimiser ces impacts et de faciliter le plus possible leur adaptation à cette nouvelle réalité.

Prenons l'exemple de Marie-Hélène et Antoine. Ils forment un couple depuis huit ans et ont deux charmants enfants : Maude, 7 ans et Félix, 5 ans. Les deux parents mènent chacun une belle carrière, les enfants fréquentent une bonne école, ils ont une belle petite maison en banlieue, un beau Golden Retriever, des voitures écologiques, ils s'alimentent bio... bref, tout pour que leur entourage les perçoive comme une belle petite famille parfaite!

Mais voilà que sous ces apparences de totale harmonie, le couple commence à réaliser qu'ils éprouvent moins d'amour l'un pour l'autre et que leur relation en est probablement arrivée à un cul-de-sac. Pourquoi en sont-ils arrivés là? Comme c'est le cas pour de nombreux autres couples, probablement qu'après huit ans de vie commune, la routine s'est installée et a fait son œuvre. Marie-Hélène se demande si elle ne s'est pas investie un peu trop dans sa carrière, au point d'en oublier sa vie de couple, tandis que de son côté, Antoine se demande si ce n'est pas depuis l'arrivée des deux enfants qu'ils ont oublié de se garder des moments de vie intime pour entretenir leur sentiment amoureux.

Il n'y a pas tellement d'animosité ou de conflit entre eux, mais la flamme de leur amour est bel et bien en train de s'éteindre doucement. Ils prennent donc la douloureuse décision de se séparer, au risque de décevoir leur entourage qui voyait en eux un modèle de couple qui a tout réussi, des études à la carrière, en passant par la vie de couple et l'éducation de leurs enfants. Malgré l'absence de grave conflit qui caractérise leur rupture, ils vivent durement le deuil d'une famille unie, et un grand sentiment d'échec.

Plusieurs choses inquiètent Marie-Hélène et Antoine... Comment annoncer leur séparation aux enfants ? Comment ces derniers réagiront-ils? Est-ce que Maude, habituellement très sensible, se mettra à pleurer à chaudes larmes? Est-ce que Félix, habituellement prompt et impulsif, réagira avec colère?

Ils ne s'inquiètent pas seulement pour leurs enfants, mais également pour leur propre avenir sentimental... Seront-ils capables de refaire leur vie? Et si jamais l'un d'eux ou les deux ont un nouveau partenaire de vie, comment ça se passera avec les enfants ?

À défaut d'avoir eu un bon mode d'emploi pour réussir leur couple, Marie-Hélène et Antoine aimeraient bien « réussir » leur séparation, « réussir » leur future relation de coparentalité, pouvoir aider leurs enfants à surmonter l'épreuve de la séparation, à vivre le deuil d'une famille unie. Ils aimeraient aussi savoir comment respecter les besoins de leurs enfants si jamais ils se retrouvaient dans une famille recomposée.

Comme la plupart des parents qui se séparent peuvent avoir les mêmes préoccupations que Marie-Hélène et Antoine, ce livre se veut un recueil d'informations permettant de comprendre les impacts possibles d'un processus de séparation sur les enfants. Même s'il n'existe aucune recette miracle, plusieurs solutions seront proposées en vue de faciliter l'adaptation des enfants aux différentes transitions familiales. N'oubliez pas que si je suis une experte de « la moyenne des enfants », votre propre enfant demeure un être unique dont vous êtes le principal expert. Lire ce livre vous inspirera plusieurs solutions, mais vous devrez tout de même en prendre et en laisser, et faire intervenir votre jugement de parent.

Dans le chapitre suivant, il sera question de l'histoire de la Loi sur le divorce au Canada et au Québec, ainsi que de quelques statistiques sur la séparation parentale. Le chapitre 3 vous proposera quelques conseils sur la façon d'annoncer la nouvelle à vos enfants, puisque c'est l'une des inquiétudes principales des parents lorsqu'ils prennent la décision de se séparer. Au chapitre 4, les étapes du processus de séparation parentale ainsi que les facteurs ayant un impact sur l'adaptation des enfants seront traités en détail. Le chapitre 5 fera état de ce qui représente les pires situations de séparation pour les enfants... celles où les parents s'entredéchirent dans d'interminables et insolubles conflits. Le chapitre 6 exposera ensuite les façons d'éviter de tomber dans le piège de la séparation difficile, lorsque c'est possible, et de favoriser une bonne adaptation à la transition familiale, chez vous et surtout chez vos enfants, qui, il faut bien le dire, en sont un peu les victimes. Parce qu'il s'agit souvent de la suite logique des choses lorsque des parents se séparent, le chapitre 7 exposera brièvement la réalité des familles recomposées. Finalement, le chapitre 8 conclura ce livre sur une note positive, parce que toutes les séparations ne sont pas nécessairement des histoires d'horreur, et parce que je suis bien consciente que si vous vivez présentement les conséquences d'une séparation récente, vous avez sans doute besoin de terminer la lecture de ce livre avec un sentiment d'optimisme.

CHAPITRE 2

Histoire du divorce au Canada et au Québec, statistiques et études scientifiques

Au Québec, une première vague de divorces est survenue dans les années 1980. À cette époque, certains d'entre vous s'en souviendront peut-être, il s'agissait encore d'une décision taboue et les parents attendaient souvent que les enfants soient grands avant de se séparer, comme si le fait qu'ils soient plus vieux les protégeait de la souffrance de la séparation.

Histoire de la Loi sur le divorce au Canada et au Québec

En fait, avant 1968, le Code civil du Bas-Canada ne permettait que l'obtention d'un jugement de séparation de corps et de biens, ce qui faisait en sorte que les conjoints qui se séparaient étaient encore techniquement unis et avaient toujours des obligations l'un envers l'autre même s'ils ne vivaient plus ensemble. Puis, en 1968, est arrivée la Loi sur le divorce au Canada, ce qui allait offrir de nouvelles possibilités aux couples qui souhaitaient mettre fin à leur mariage.

C'est en réalité au début des années 1980 qu'une véritable réforme du droit de la famille a été menée, ce qui explique l'augmentation du nombre de divorces à partir de cette décennie (voir tableau ci-contre). Depuis, la Loi a encore légèrement évolué, notamment avec l'adoption d'une loi en 1997, introduisant le service de médiation familiale pour les couples ayant des enfants qui se séparent. La médiation sera traitée plus en détail ultérieurement (au chapitre 6). Pour le moment, contentons-nous de dire qu'elle permet aux conjoints de divorcer ou de se séparer à l'amiable dans un contexte plus privé qu'à la Cour.

Quelques statistiques

Nombre de divorces et indice synthétique de divortialité, Québec, 1969-2005

Année	Nombre de divorces	Indice de divortialité % de mariages terminés par un divorce	Année	Nombre de divorces	Indice de divortialité % de mariages terminés par un divorce
1969	2 947	8,0	1988	20 340	47,8
1970	4 865	14,0	1989	19 829	47,3
1971	5 203	14,6	1990	20 474	49,6
1972	6 426	17,5	1990	20 474	49,6
1973	8 091	21,5	1991	20 277	49,6
1974	12 272	32,1	1992	19 695	49,2
1975	14 093	36,1	1993	19 662	50,2
1976	15 186	37,8	1994	18 224	47,5
1977	14 501	35,2	1995	20 133	54,0
1978	14 865	35,1	1996	18 078	49,0
1979	14 379	33,2	1997	17 478	48,7
1980	13 899	31,7	1998	16 916	48,9
1981	19 193	43,5	1999	17 144	50,3
1982	18 579	40,8	2000	17 054	51,4
1983	17 365	39,3	2001	17 094	52,4
1984	16 845	37,9	2002	16 499	50,4
1985	15 814	35,8	2003	16 738	53,6
1986	19 026	43,5	2004	15 999	52,4
1987	22 098	51,2	2005	15 423	51,9

Sources : Statistique Canada
Institut de la statistique du Québec
16 décembre 2008

Le tableau présenté à la page précédente illustre bien l'impact de l'introduction de ces lois sur le divorce au Québec. On remarque que dès l'adoption de la Loi sur le divorce, en 1968, la proportion des couples se prévalant de leur droit de divorcer[1] a augmenté progressivement jusqu'au dépassement du seuil « psychologique » de 50 % en 1987. Par la suite, le taux de divortialité est demeuré entre un minimum de 47 % et un maximum de 54 % jusqu'en 2005. Si certains parmi vous ont remarqué que le taux de divortialité est demeuré relativement stable alors que le nombre de divorces a commencé à diminuer à partir d'environ 1990, rassurez-vous, il ne s'agit pas d'une erreur de calcul! C'est que, pendant que le taux de divorce augmentait au cours des dernières décennies, le mariage, de son côté, commençait à décliner. De plus en plus de couples préfèrent aujourd'hui vivre en union libre.

Justement, parlons-en, de ces unions libres! Les statistiques démontrent que ce phénomène est en nette augmentation depuis les 20 dernières années. En effet, au Canada, le nombre d'unions libres a plus que doublé, passant de 6 % en 1981 à 14 % en 2001 (Milan, 2003). De plus, il est intéressant de noter que le Québec est la province où il y a le plus d'unions libres, avec 28 % des couples choisissant ce type d'union (ministère de l'Emploi, de la Solidarité sociale et de la Famille, 2004). Cela fait en sorte que de plus en plus d'enfants sont issus de familles où les parents ne sont pas mariés. Au Québec, en 1999, 40 % des enfants sont nés de couples en union libre (Marcil-Gratton & LeBourdais, 1999).

Les unions libres protègent-elles les couples de la séparation? Pas vraiment! En fait, certaines études démontrent que les couples en union libre seraient plus à risque de se séparer que les couples mariés (Marcil-Gratton & LeBourdais, 1999). Cette même étude fait ressortir qu'un enfant québécois sur trois connaîtra la séparation de ses parents avant qu'il n'atteigne l'âge de 10 ans, et que ce taux augmenterait à près de deux sur trois pour les enfants issus d'un couple en union libre (Marcil-Gratton & LeBourdais, 1999).

1. « L'indice synthétique de divortialité estime la proportion des mariages qui se termineraient par un divorce, selon les comportements d'une année donnée: il est la somme des taux de divortialité par durée de mariage avec comme dénominateur les mariages contractés il y a zéro, un, deux ans, etc., selon le cas. L'indice de 1997, soit 48,7 %, révèle qu'environ la moitié des mariages se seraient terminés par un divorce. L'indice oscille autour de 50 % depuis une dizaine d'années. De 1988 à 1995, on compte autour de 20 000 divorces chaque année. Le nombre baisse depuis, et il est d'environ 17 000 en 1997 et en 1998. Cette baisse s'explique par un moins grand nombre de mariés, puisque les indices de divortialité, eux, ne bougent pas beaucoup. » Extrait de : *La situation démographique*, Louis Duchesne, Direction des statistiques sociodémographiques, Institut de la statistique du Québec.

D'autres chercheurs canadiens ont toutefois fait ressortir des données permettant de « dédrama-tiser » le sort des enfants issus de couples en union libre. En effet, il semble que ces derniers ne vivent pas une augmentation de problèmes comportementaux, contrairement aux enfants dont les parents légalement mariés se divorcent. (Wu, Hou, & Schimmele, 2008). Autrement dit, la dissolution d'une union libre entre les parents semblerait avoir moins d'impact négatif sur le développement des enfants que le divorce de parents mariés! Bien qu'il soit difficile de comprendre les facteurs qui expliquent ces résultats un peu insolites, les chercheurs émettent l'hypothèse à mon avis plausible que, compte tenu du caractère sacré et de l'engagement permanent que représente le mariage, un divorce serait plus un choc que la séparation d'un couple vivant en union libre, causant ainsi un stress plus grand. Mais rien de tout cela n'est encore prouvé scientifiquement.

Quoi qu'il en soit, la séparation des parents, mariés ou en union libre, demeure une étape stressante et exigeante sur le plan personnel, un événement pouvant avoir des répercussions importantes dans la vie d'un enfant. Quelles sont réellement ces répercussions? Devons-nous croire certaines personnes âgées qui disent parfois que les pauvres enfants des familles éclatées d'aujourd'hui souffrent le martyre, qu'ils vivent automatiquement un manque important de stabilité les affectant pour toute leur vie? Devons-nous plutôt croire certains parents, récemment séparés, qui affirment que leurs enfants s'en sortent très bien et qu'ils sont même contents d'avoir deux maisons?

Des études scientifiques

Pour répondre à ces questions avec une certaine rigueur professionnelle, je me suis de nouveau tournée vers des résultats de recherches scientifiques. Les chercheurs s'intéressent de plus en plus à l'impact de la séparation parentale[2] et ce, depuis environ le milieu des années 1980. Certains ont même fait des études longitudinales, observant des enfants de parents séparés jusqu'à ce qu'ils atteignent l'âge adulte. Étant donné que ce domaine d'étude est relativement récent, les résultats de ces recherches soulèvent parfois plus de questions qu'ils n'amènent de réponses... et c'est comme ça que la science avance, de façon générale, même si cela peut être frustrant pour des parents qui attendent des réponses et qui veulent que les experts leur donnent des trucs concrets!

2. Étant donné la grande proportion de parents québécois vivant en union libre, j'utiliserai désormais les termes généraux de « séparation » ou « séparation parentale » pour désigner à la fois le divorce de parents qui étaient mariés ET la séparation de parents qui vivaient en union libre.

Un article récent résume bien les résultats des recherches sur les liens existants entre la séparation des parents et l'adaptation des enfants (Landsford, 2009). On y explique que la documentation scientifique présente deux portraits, aux extrêmes opposés, quant à l'impact de la séparation parentale sur l'adaptation des enfants.

D'une part, certaines études démontrent que les effets à long terme de la séparation des parents sur les enfants sont très défavorables à leur développement psychologique et que ces enfants traînent un lourd fardeau pendant des années après la séparation de leurs parents, notamment sur les plans de leur santé mentale et de la qualité de leurs relations interpersonnelles (par exemple : Glenn, 2001; Popenoe, 1993, 2003; Wallerstein, Lewis, & Blakeslee, 2000). Des études ont également démontré que les enfants confrontés à la séparation de leurs parents manifestent plus de difficultés psychologiques que les enfants grandissant dans des familles intactes (Amato, 2001; Amato & Keith, 1991; Reifman, Villa, Amans, Reithinam & Telesca, 2001).

D'autre part, d'autres chercheurs en viennent à la conclusion que la séparation et le divorce n'ont pas d'effet mesurable à long terme chez les enfants (par exemple : Harris, 1998). Il serait même prouvé qu'une proportion considérable des enfants dont les parents sont séparés (entre 75 et 80 %) s'adapteraient relativement bien à la séparation parentale (Greene, Anderson, Hetherington, Foregatch & DeGarmo, 2003).

À cause de ce manque de consensus dans la documentation scientifique, certains experts en arrivent à la conclusion que la séparation parentale a probablement certains effets négatifs sur l'adaptation de plusieurs enfants, mais que ces effets peuvent être de faible intensité et qu'ils ne sont probablement pas universels (c'est-à-dire que certains enfants n'en souffrent pas) (Landsford, 2009).

Depuis quelques années, la recherche sur le sujet s'est également raffinée en examinant les différents facteurs pouvant entrer en jeu lors d'une séparation parentale, par exemple le conflit et les tensions entre les parents. Si bien qu'on commence à croire que ce n'est pas la séparation en tant que telle, mais bien les autres facteurs qui y sont souvent reliés, qui causent la détresse psychologique et les difficultés d'adaptation chez les enfants. Cette sage hypothèse expliquerait bien la raison pour laquelle les études dans le domaine présentent souvent des résultats contradictoires. Elles ont porté sur une variable trop générale (la séparation des parents), plutôt que de se concentrer sur les effets d'aspects spécifiques souvent en corrélation avec la séparation.

Bien des changements surviennent lors d'une séparation : les parents peuvent subir une baisse de niveau de vie ou même connaître de graves difficultés financières; ils peuvent vivre de la détresse psychologique; leur capacité parentale et leur disponibilité pour répondre aux besoins des enfants peuvent diminuer pendant un certain temps; la séparation et l'organisation de la garde des enfants peuvent engendrer des conflits entre les parents; la séparation occasionne des déménagements... et ce serait l'ensemble de tels facteurs ou les interactions entre eux, plus que la séparation des parents elle-même, qui affecteraient les enfants. Comme le « dosage » de ces facteurs est différent pour chaque famille vivant une séparation, l'impact de la séparation sur les enfants peut être très différent d'une famille à l'autre.

Parmi ces facteurs, qui seront vus plus en détail au chapitre 4, celui qui a le plus retenu l'attention des chercheurs et qui obtient le plus grand consensus est le niveau élevé de conflit pouvant exister entre les parents (Carobene & Cyr, 2006). De nombreuses recherches permettent de croire qu'un niveau élevé de conflit entre les parents pendant ET après leur vie commune est l'un des facteurs les plus déterminants des difficultés d'adaptation des enfants... encore plus important que la séparation elle-même (Buehler, Krishnakumar, Stone, Anthony, Pemberton, Gerard & Barber, 1998; Kelly, 2000; Kline, Johnston & Tschann, 1991; Oppawsky, 2000; Vanderwater & Landsford, 1998).

Autrement dit, ce n'est pas tant la séparation entre les parents qui affecte le développement ou l'adaptation d'un enfant, mais bien le niveau élevé de conflit entre eux,

qu'ils soient ensemble...   ou séparés...

D'autres études ont même prouvé que les enfants de familles intactes où les conflits sont élevés vivent plus de difficultés psychologiques que les enfants dont les parents sont séparés, mais entre lesquels le niveau de conflit est faible (Amato & Keith, 1991; Fincham, Grych & Osborne, 1994; Morrison & Coiro, 1999). Par contre, un autre auteur fait remarquer que les conflits conjugaux seraient plus fréquents dans les familles qui se séparent que dans les familles intactes (Hanson, 1999). Ce même auteur va même jusqu'à affirmer que les conflits entre les parents seraient probablement responsables de 50 % de l' « effet divorce ».

On peut supposer que, normalement, après un divorce ou une séparation, les conflits entre les parents devraient diminuer avec le temps qui passe, ces derniers parvenant éventuellement à laisser les vieilles querelles dans le passé (Amato, 1993). En fait, des études confirment que l'adaptation des enfants s'améliore réellement au fur et à mesure que les conflits parentaux diminuent après une séparation (Brown, Eichenberger, Portes & Christiensen, 1991; Burns & Dunlop, 2002). Cependant, pour approximativement le quart des familles qui se séparent, les conflits entre les parents augmentent après la séparation et peuvent durer des années (Maccoby & Mnookin, 1992). Il semble que ces conflits naissent souvent de mésententes concernant les enfants (Emery, 1994). Or, ce serait justement ce type de conflit, ceux qui impliquent les enfants, qui sont les plus destructeurs pour le développement et l'adaptation de ceux-ci. (Kelly, 2000).

En résumé, vous avez pu constater dans ce chapitre que le taux de divorce a nettement augmenté depuis que la Loi permet le divorce au Canada, soit depuis 1968. On estime aujourd'hui qu'environ 50 % des unions se terminent par une séparation. Depuis l'augmentation du nombre d'enfants ayant des parents séparés, chacun y va de ses propres théories pour tenter de prédire le sort des « enfants du divorce ». Certains dramatisent la situation, d'autres la banalisent. Même les chercheurs et les experts ont longtemps semblé ne pas s'entendre sur les effets de la séparation parentale sur le développement psychologique des enfants. La raison est simple : chaque famille vit sa séparation à sa façon, avec plus ou moins de changements apportés au quotidien des enfants... La séparation implique donc tellement de facteurs secondaires différents qu'il devient difficile de l'étudier comme un facteur unique influençant de façon générale l'adaptation de l'enfant.

Un des facteurs impliqués dans la séparation des parents qui est le plus étudié et qui fait le plus de consensus quant à son impact sur les enfants, c'est la présence de conflits entre les parents. Si des parents croient qu'ils s'entendront mieux une fois séparés, peut-être que la séparation n'est pas une si mauvaise idée, après tout! À condition qu'ils soient tous les deux de bonne foi dans leur future relation de coparentalité. En fait, dans bien des cas, le niveau de conflit entre les parents diminuera quelques mois ou quelques années après la séparation, la majorité d'entre eux parvenant à développer une relation relativement cordiale de coparentalité. Cependant, si malgré la séparation, le niveau de conflit entre les parents reste le même ou augmente, les enfants sont alors à risque de développer des problèmes affectifs ou de comportements. Malheureusement, il semble que ce soit le cas pour le quart des familles qui se séparent. Nous aborderons le sujet de ces familles pour lesquelles les conflits perdurent dans le chapitre 5.

En attendant, le chapitre suivant permettra de répondre à la toute première inquiétude que vivent les parents lorsqu'ils prennent la décision de se séparer... Comment l'annoncer aux enfants?

CHAPITRE 3

Comment annoncer la séparation aux enfants?

Dans le chapitre précédent, nous avons constaté que les séparations sont plus fréquentes qu'auparavant. Cela amène un danger de banaliser la détresse des enfants ET des parents, puisqu'on peut maintenant dire qu'environ 40 % d'entre eux vivront cette expérience. Certains parents se diront : « Tous les amis de mon fils ont vécu la séparation de leurs parents, il ne se sentira donc pas seul dans sa situation ». Mais c'est une erreur de banaliser ou de généraliser ainsi. Pourquoi?

Parce qu'il n'y a pas deux séparations identiques et que tous les enfants n'ont pas nécessairement le même tempérament ou la même capacité d'adaptation. Pour ces raisons, il ne faut pas prendre le moment de l'annonce de la séparation aux enfants à la légère. Ce moment est sans doute l'un des plus difficiles ou du moins le plus bouleversant du processus de transition familiale. Sans vouloir vous mettre trop de pression, il est même possible que la façon dont vous gérerez l'annonce de la séparation aux enfants déterminera en partie le déroulement de vos futures discussions avec eux et la confiance que vos enfants vous démontreront à l'avenir. Le présent chapitre vous permettra de bien vous préparer à l'annonce de la mauvaise nouvelle...

Se préparer à une grande variété de réactions possibles...

À partir du moment où vous annoncez à vos enfants que vous allez vous séparer, ces derniers commencent à vivre les étapes du deuil de leur famille unie et à s'adapter progressivement à la transition familiale qui suivra.

Avant d'annoncer la séparation de votre couple à vos enfants, il est important de comprendre que, selon leur tempérament et leur vécu, ils peuvent réagir de multiples façons. Comme ils affrontent une situation jusqu'alors inconnue, plusieurs questions ou scénarios, plus ou moins réalistes, peuvent surgir dans leur esprit...

Certains peuvent croire qu'ils sont responsables ou coupables de la séparation de leurs parents, d'autres entretiennent le fantasme d'une éventuelle réconciliation entre leurs parents, et d'autres peuvent craindre qu'un de leurs parents cesse de les aimer.

Il est donc important de préparer votre message et la façon dont vous le livrerez avant de leur annoncer la mauvaise nouvelle.

Choisir le bon moment

En lisant le titre de cette section, vous devez sûrement vous dire qu'il n'y a pas de **bon** moment pour annoncer cette nouvelle... et vous avez raison! Parlons plutôt de « moins pire moment ». Vous serez sans doute d'accord avec moi si je vous dis qu'annoncer la séparation aux enfants deux minutes avant leur départ pour l'école un lundi matin n'est probablement pas la meilleure des décisions! Mieux vaut choisir un moment qui leur laissera le temps de réagir, de réfléchir, de poser des questions... et surtout, un moment qui sera suivi de quelques jours durant lesquels vous serez calme et disponible pour les rassurer, les consoler et répondre à leurs questions. Par exemple, cela pourrait se faire au début d'un week-end où aucune activité particulière n'est planifiée. Si possible, choisissez un moment où vous et vos enfants êtes particulièrement calmes, sans d'autres préoccupations majeures (ex. : pas en période d'examens à l'école). Enfin, dans une situation idéale, vous aurez lu le présent chapitre ou même le livre en entier avant de leur annoncer votre séparation, afin de bien vous informer et de vous préparer aux réactions que vos enfants pourraient avoir.

Et si vos enfants ne sont pas étonnés lorsqu'ils apprennent la nouvelle, ne regrettez surtout pas de vous être autant préparé... certains réagissent à retardement!

Même si vous ressentez beaucoup d'appréhension à l'idée d'annoncer la nouvelle à vos enfants, ne tardez pas trop avant de le faire une fois la décision de la séparation prise. Si vous attendez trop longtemps, vos enfants pourraient ressentir qu'il se passe quelque chose sans savoir de quoi il s'agit exactement, ce qui pour eux peut se révéler encore plus anxiogène que la nouvelle elle-même.

L'annoncer seul ou avec l'autre parent?

Idéalement, les deux parents devraient être ensemble pour annoncer leur séparation aux enfants. Cela permet à ces derniers de comprendre que malgré le fait que leurs parents ne soient plus amoureux ou qu'ils ne veulent plus vivre ensemble, ils sont encore capables d'être dans la même pièce, de se parler et d'agir ensemble, en équipe, pour répondre à leurs besoins.

Attention, cependant. Pour que ce soit vrai, le niveau de conflit entre les parents doit être faible. Si le niveau de conflit est élevé et que les parents sont très en colère l'un contre l'autre, il est préférable qu'un seul parent annonce la nouvelle. Sinon, l'événement risque de se dérouler dans la tension et les enfants pourraient se sentir au cœur du conflit, ou même responsables de celui-ci.

Comme il a été mentionné au chapitre précédent, le niveau de conflit entre les parents est l'un des meilleurs prédicteurs des difficultés d'adaptation des enfants à la nouvelle situation. Il va sans dire qu'il est préférable d'éviter que les conflits se déroulent devant eux. Si la simple idée de discuter avec l'autre parent de la manière d'annoncer la nouvelle aux enfants vous met sous tension, il est préférable de vous entendre avec lui ou elle pour déterminer lequel d'entre vous annoncera la nouvelle, et de quelle manière.

Évidemment, il ne faut pas profiter du fait d'être seul pour annoncer la nouvelle pour commencer une campagne de salissage contre l'autre parent! Donc, si votre enfant vous demande pourquoi vous vous séparez, abstenez-vous de lui donner les détails sur les infidélités de votre conjoint, par exemple!

Nous aborderons en détail le contenu et la nature du message que vous devriez livrer aux enfants... mais il va de soi que vous devez rester très général quant aux motifs de la séparation, sans blâmer un parent plus que l'autre. Bref, l'enfant doit comprendre que ce sont des problèmes de grandes personnes qui ne le concernent pas vraiment.

Apprendre la nouvelle à un seul enfant à la fois ou à tous les enfants ensemble?

Devez-vous rassembler vos enfants pour leur annoncer votre séparation ou est-il préférable de les prendre un par un pour leur apprendre individuellement la nouvelle?

La réponse à cette question dépend à la fois du niveau de développement de chacun de vos enfants ET de la qualité de la relation entre eux. Par exemple, si vous avez deux enfants qui sont tous les deux à l'école primaire, qu'ils n'ont qu'un an de différence d'âge et qu'ils sont complices plutôt que rivaux, vous pouvez probablement leur annoncer la nouvelle ensemble. Par contre, si vous avez un enfant d'âge préscolaire, un autre qui est au primaire et un grand ado, et s'il y a beaucoup de conflits entre eux, il serait probablement préférable de leur annoncer la nouvelle séparément, en commençant par le plus vieux et en finissant avec le plus jeune, les plus vieux ayant la maturité nécessaire pour garder le secret jusqu'à ce que tous aient été prévenu.

Adaptez votre langage et la quantité d'informations que vous donnerez au niveau de développement et à la personnalité de chacun (voir section *Adapter votre style de communication au niveau de développement de l'enfant*). Je sais que ma réponse n'est pas précise ou ne ressemble pas à une recette en trois étapes facile... mais qui a dit qu'être parent était facile? Voilà un exemple de situation où vous devez faire intervenir votre bon jugement et l'excellente connaissance que vous avez de chacun de vos enfants, qui sont uniques en leur genre, j'en suis certaine! En cas de doute, il sera probablement préférable de leur annoncer la nouvelle individuellement.

Préparer un message général

Le meilleur conseil que je peux vous donner concernant la façon d'annoncer la nouvelle aux enfants, c'est de préparer votre message à l'avance, d'être honnête et sincère avec eux, tout en les préservant de l'information qui ne concerne que les adultes et qui pourraient les bouleverser inutilement.

Trois grands thèmes doivent être IMPÉRATIVEMENT abordés lorsque vous apprendrez à vos enfants que vous vous séparez.

Thème 1 : Déculpabiliser les enfants

Lorsque les enfants ne comprennent pas ce qui a pu amener leurs parents à vouloir se séparer, ils peuvent facilement croire qu'ils sont responsables de cette rupture. Il est donc important de leur expliquer que la séparation des parents, c'est une affaire d'adultes et que c'est vous, les parents, qui en êtes responsables. C'est donc vous, les parents, qui allez assumer la responsabilité de vous assurer que la transition se passe le mieux possible... pas les enfants.

Thème 2 : Valider les émotions des enfants

Peu importe la réaction des enfants, il est important qu'ils comprennent que les émotions qu'ils vivent sont normales, qu'ils ont le droit de les ressentir et de les exprimer. Vous pouvez leur dire que vous les comprenez, car vous aussi, les parents, vous vivez beaucoup d'émotions par rapport à cette rupture. Ainsi, que vos enfants soient tristes, inquiets ou en colère, leur détresse sera amoindrie par le fait de savoir que leurs émotions sont normales, et qu'ils ne sont pas les seuls à les vivre.

Thème 3 : Faire part aux enfants des choses qui ne changeront pas malgré la séparation

Malgré le fait que votre famille s'apprête à vivre de grands changements, je suis certaine que vous vous dites que vous continuerez toujours d'aimer vos enfants! Eh bien! il faut leur dire... En ce moment où ils ont probablement l'impression que tout bascule, que le sol s'ouvre sous leurs pieds, ils ont grandement besoin d'être rassurés par l'énumération des choses qui ne changeront jamais :

- « Même si nous ne vivrons plus ensemble, nous continuerons toujours de t'aimer, chacun de notre côté. »
- « De ton côté, tu pourras toujours continuer d'aimer tes deux parents. »
- « Même si ta famille est séparée, tu feras toujours partie d'une famille. »
- « Papa et maman continueront toujours de faire équipe pour prendre soin de toi, pour s'assurer que tu fonctionnes bien, pour traverser avec toi les étapes de ta vie. ».

Bien sûr, seulement les parents dont le niveau de conflit est faible peuvent promettre tout ça à leurs enfants. Si le niveau de conflit entre vous est élevé et que vous ne vous sentez pas capable de promettre à votre enfant une certaine collaboration avec l'autre parent, ne la promettez pas.

Il n'y a rien de pire pour des enfants que de voir leurs parents ne pas respecter leurs promesses : il s'agit des gens en qui ils devraient avoir le plus confiance, et voilà qu'ils se sentent floués par eux! Par contre, je dois vous dire qu'il vous faudra sûrement travailler individuellement sur votre niveau de colère et tenter de diminuer progressivement votre niveau de conflit avec le temps. Sinon, c'est l'adaptation, le développement, la santé mentale et les futures relations interpersonnelles de vos enfants qui sont en jeu. Cette affirmation peut vous faire peur, mais la lecture du chapitre 5 vous permettra de comprendre en détail à quel point le conflit et la non-collaboration entre les parents peuvent être destructeurs pour les enfants...

Ces trois grands thèmes représentent moins d'information que vous ne pensiez avoir à donner à vos enfants ? Vous devez comprendre qu'il est important de ne pas « saturer » vos enfants de mille et une explications ou justifications. Il y a une limite à la quantité d'information qu'un enfant peut comprendre ou assimiler en peu de temps. Il est donc préférable de préparer un message bref, et de laisser tout le temps et l'espace nécessaires à vos enfants pour qu'ils puissent exprimer leurs émotions et poser leurs questions, au fur et à mesure qu'ils « digèrent » la nouvelle. Ils pourront beaucoup mieux assimiler vos explications si elles sont données à petites doses, au rythme de leur capacité à les comprendre et à les accepter.

Adapter votre style de communication au niveau de développement de l'enfant

Parce que les enfants d'âges ou de niveaux de développement différents n'ont pas la même capacité de compréhension et parce qu'ils peuvent réagir différemment, il est important d'adopter votre discours à l'âge de votre enfant.

Les lignes qui suivent vous expliquent donc les grandes différences de développement entre les jeunes enfants et les préadolescents et adolescents. Je limite les distinctions à ces deux grandes catégories d'âge, parce que tous les enfants du même âge ne se développent pas nécessairement au même rythme. Deux enfants chacun âgé de 6 ans peuvent avoir des niveaux de maturité et de compréhension forts différents l'un de l'autre. C'est la raison pour laquelle je préfère vous donner des indications très générales plutôt que d'être très précise, au risque de vous donner l'impression que pour un enfant de 6 ans, on doit ABSOLUMENT, de façon rigide, s'exprimer de telle ou telle façon lorsqu'on lui annonce la séparation de ses parents. Les indications plus générales que je vous donne, associées à votre jugement et la connaissance que vous avez de votre enfant, devraient être suffisantes pour que vous soyez bien guidé dans la façon de lui annoncer la nouvelle de votre séparation...

Les jeunes enfants

Comparativement aux adolescents ou aux adultes, les jeunes enfants ont une capacité de compréhension limitée par rapport à la réalité d'une séparation parentale. N'allez pas croire toutefois qu'ils ne ressentent pas les choses... Ils peuvent très bien ressentir la détresse chez les autres, particulièrement chez leurs parents, mais sans nécessairement être capables d'identifier et de comprendre les causes de cette détresse. Cela peut causer beaucoup d'insécurité chez eux.

Pour bien comprendre, imaginez-vous dans une situation où vous savez qu'il y a quelque chose qui cloche, et que les gens que vous aimez autour de vous, et qui sont responsables de votre sécurité, semblent soudainement anxieux ou malheureux, mais que vous ne comprenez pas pourquoi. Il y a de quoi s'inquiéter, non? De plus, la capacité des jeunes enfants à identifier et à exprimer verbalement leurs propres émotions est également limitée. C'est donc souvent par leurs réactions comportementales que vous pourrez savoir qu'ils sont affectés (ex. : augmentation des demandes de réassurance, augmentation de l'agressivité à la garderie, réapparition de certains comportements tels que sucer son pouce).

En tant que parent, il vous faut aiguiser votre sens du décodage pour comprendre ce que votre jeune enfant vit dans son cœur. Même s'il ne fait pas de crise de larmes lorsque vous lui apprenez que vous allez vous séparer, il pourrait soudainement devenir plus agressif ou plus insécure à la garderie pendant les premières semaines où son père sera absent de la maison familiale.

Il est également important de comprendre que, compte tenu de leur niveau de développement cognitif, les jeunes enfants sont souvent égocentriques... c'est-à-dire qu'ils ne perçoivent les choses qu'en fonction d'eux-mêmes, sans être vraiment capables de s'imaginer à la place de quelqu'un d'autre. Pour cette raison, ils croient souvent être la cause de tout ce qui se passe autour d'eux, comme s'ils étaient le centre du monde.

Le thème de la déculpabilisation (voir section précédente) est d'autant plus important à aborder avec eux, lorsque vous leur annoncez la nouvelle de votre séparation, car ils pourraient avoir tendance, plus qu'un adolescent, à penser qu'ils sont responsables de votre rupture. Enfin, sachez que les jeunes enfants vivent dans le moment présent et ont de la difficulté à se projeter dans le futur. Par conséquent, lorsque vous leur annoncerez la nouvelle, il sera important de leur donner seulement un peu d'informations à la fois, de les exprimer dans un langage simple et de répéter à plusieurs reprises les choses qui resteront stables dans leur vie, malgré la séparation.

Les pré-adolescents et les adolescents

Les préadolescents (9-12 ans) et les adolescents (12-18 ans) ont une plus grande compréhension des problèmes d'adultes que les jeunes enfants, et ils sont en mesure de savoir que ce sont les parents qui sont les principaux responsables de leur séparation. Lorsque vous leur annoncerez la nouvelle, il sera important de garder en tête qu'ils sont dans une période de leur vie où ils sont déchirés entre leur besoin de se sentir autonomes, libres et indépendants ET le besoin de continuer à se sentir protégés, guidés et aimés par leurs parents.

Ils sont donc parfois difficiles à suivre pour leurs parents! Dans une même journée, ils peuvent à un moment vous dire sèchement de les laisser tranquille et de vous mêler de vos affaires et, un peu plus tard, se coller sur vous ou encore vous supplier d'aller les reconduire au cinéma où ils doivent rencontrer quelques amis!

Une chose est certaine, c'est qu'ils apprécient la plupart du temps que l'on reconnaisse leur plus grande maturité et leur plus grande autonomie... ils ne voudront surtout pas que vous vous adressiez à eux comme si vous parliez à un bébé! Ils apprécieront donc, lorsque vous leur annoncerez la nouvelle, que vous reconnaissiez leur capacité de compréhension en leur parlant un langage d'adulte et en répondant honnêtement à leurs questions. Mais... attention! Même les adultes ont besoin qu'on leur laisse du temps pour réagir, réfléchir et s'exprimer lorsqu'on leur annonce une mauvaise nouvelle! Alors, allez-y doucement, et tentez d'adapter votre message à leur réaction.

Sachez que tandis que les plus jeunes enfants ont tendance à être tristes ou inquiets à l'annonce de la séparation de leurs parents, les ados eux, peuvent avoir plutôt tendance à se sentir frustrés, à vivre de la colère. Surtout, ne le prenez pas personnel et continuez de leur permettre d'exprimer ce qu'ils ressentent (à condition que la colère ne soit pas dirigée contre vous). Laissez-leur surtout le temps de digérer la nouvelle, car sous cette colère peut se cacher une grande détresse.

Poursuivre la communication, même et surtout après l'annonce de la séparation

Les enfants, les adolescents et même les adultes ont besoin de temps pour digérer une mauvaise nouvelle et saisir toute son ampleur et ses conséquences. Pour cette raison, il ne suffit pas d'annoncer votre séparation et de ne plus en parler... La communication avec vos enfants sur la séparation devra se poursuivre bien après la première annonce de la mauvaise nouvelle.

Dans les jours qui suivront l'annonce de votre séparation, vos enfants vous poseront sûrement quelques questions sur les conséquences que cet événement aura sur leur quotidien. Ils auront besoin d'être rassurés à plusieurs reprises sur le fait qu'ils pourront continuer à voir et à aimer leurs deux parents.

Quand la séparation se fera concrètement, ils auront d'autres questions concernant le temps qu'ils passeront avec chaque parent, la possibilité de communiquer avec l'autre parent par téléphone, à qui leur professeur devra s'adresser en cas de problèmes, etc.

Les enfants plus jeunes pourraient se sentir confus par rapport aux moments où ils vont vivre avec l'autre parent, la notion de temps (une semaine sur deux, un week-end sur deux) étant parfois trop abstraite pour eux. Dans ce cas, des outils visuels, tel qu'un simple calendrier avec des icônes représentant les jours chez maman et les jours chez papa, pourraient les aider à mieux comprendre leur horaire de garde et à se sentir ainsi rassurés.

Au fur et à mesure qu'ils grandiront et qu'ils prendront de la maturité, leurs émotions, leurs besoins et leurs questions par rapport à la séparation évolueront. Ils doivent, en tout temps, pouvoir se sentir à l'aise de discuter avec vous de ce sujet et d'exprimer leurs émotions. Par exemple, un enfant qui avait seulement 4 ans lorsque ses parents se sont séparés pourrait, à l'adolescence, se questionner soudainement sur les motifs réels de cette séparation, ou encore sur comment ses parents étaient lorsqu'ils étaient encore amoureux. Ces questions peuvent même faire partie de sa quête d'identité, de l'importance pour lui de connaître l'histoire de sa famille... d'où il vient, finalement.

Pour toutes ces raisons, la communication entre vos enfants et vous doit demeurer ouverte. Cela permet à vos enfants de sentir que, malgré la transition familiale, vous demeurez digne de confiance, attentif à leurs besoins et soucieux de leur sécurité.

Pour communiquer efficacement, il faut savoir pratiquer l'écoute active, c'est-à-dire écouter attentivement vos enfants en leur démontrant des signes concrets que vous les comprenez.

Les techniques classiques d'écoute active que beaucoup de gens connaissent sont souvent associées au stéréotype du psychologue qui ne dit pas grand-chose : hocher la tête en guise d'approbation, dire des «Mhhh, Hhhm, je comprends », regarder la personne dans les yeux... Mais écouter activement implique aussi de parler un peu! En effet, vos enfants se sentiront écoutés et compris si vous reformulez dans vos propres mots ce qu'ils tentent de vous communiquer avec des paroles ou des gestes. Cette technique de reformulation est bénéfique pour les gens de tous âges, mais pour les jeunes enfants, elle a l'effet supplémentaire de les aider à apprendre à mettre des mots sur leurs émotions.

Plus vos enfants sont jeunes, plus ce sont des méthodes de communication indirectes qui seront efficaces. Par exemple, au lieu d'avoir une discussion directe sur les changements qu'ils vivent en conséquence de la séparation parentale, il sera probablement plus efficace de leur lire une histoire dans laquelle un personnage vit la séparation de ses parents, pour ensuite les laisser s'exprimer sur ce qu'ils pensent de l'histoire.

Les jeux de rôles avec des figurines permettront également aux jeunes enfants d'exprimer comment ils se sentent par rapport à leur nouvelle situation familiale. Vous pourrez être surpris de voir à quel point vos enfants transposeront leur nouvelle vie dans leur jeu, lorsqu'ils joueront au papa et à la maman avec leurs poupées ou leurs figurines. Vous verrez si ses personnages expriment de la colère, du mépris, de l'angoisse, de la tristesse. Sachez que les enfants ont tendance à reproduire leurs émotions ou encore ce qu'ils perçoivent de leur environnement dans leurs jeux ou même dans leurs dessins. Vous pourriez même créer un nouveau personnage avec une marionnette. Vous pourriez être surpris de voir à quel point votre enfant se confiera plus à la marionnette qu'à vous... même si c'est vous qui manipulez la marionnette!

Vous impliquer dans les jeux ou vous intéresser aux dessins de vos enfants est donc une bonne façon d'être attentif à leurs émotions, à leur vécu. C'est même une stratégie utilisée par de nombreux psychologues pour enfants! Mais attention, le but n'est pas d'analyser en profondeur les processus psychiques de votre enfant ni de diagnostiquer un quelconque trouble affectif... L'idée est simplement de mettre toutes les chances de votre côté pour mieux comprendre ce que vos enfants vivent. Pour y arriver, rien de mieux que d'être régulièrement en relation avec eux... par le jeu!

Les adolescents préféreront que vous communiquiez avec eux plus directement, sans éviter leurs questions et sans leur faire la morale. Ils apprécient que l'on soit à l'écoute de leurs émotions et que l'on considère leur opinion. Leur capacité de jugement et de discernement se développe et, même si ce jugement n'est pas toujours parfait, ils ont tendance à trouver important que l'on écoute ce qu'ils ont à dire sur certains sujets.

Cela demande toutefois aux parents d'être très nuancés dans leurs attitudes. Même si les ados veulent avoir droit à leur opinion et même s'ils ont la maturité de comprendre plusieurs choses du monde des adultes, cela ne veut pas dire que l'on peut les mêler aux problèmes de leurs parents ou encore leur donner un grand pouvoir de décision sur le déroulement du quotidien de la famille.

Ils doivent sentir que, bien que l'on soit à l'écoute de leur opinion, certaines décisions demeurent entre les mains de leurs parents, que ça leur plaise ou non. À titre d'exemple, ils peuvent s'exprimer librement sur le fait qu'ils aimeraient pouvoir clavarder avec leurs amis plus longtemps le soir, mais ils doivent accepter que ce sont les parents qui détermineront, après les avoir écoutés, les limites quant à l'utilisation d'Internet.

Aussi, ils peuvent être suffisamment matures pour comprendre que leurs parents vivent des émotions difficiles reliées à leur séparation, mais cela ne veut pas dire que les parents peuvent les considérer comme des confidents. La période de l'adolescence est suffisamment parsemée d'éléments stresseurs (ex. : commencer l'école secondaire, être acceptés par leurs pairs, premiers amours, premières ruptures, choisir un secteur d'études au cégep...), sans avoir en plus la responsabilité de consoler leurs parents en deuil d'une famille unie. Ceci étant dit, ne vous culpabilisez pas si vous avez déjà pleuré devant vos ados ou si vous leur avez déjà confié une information qui ne les concernait peut-être pas... nous sommes humains et nous sommes parfois émotifs. Mais il faut éviter que ce genre d'attitude fasse partie du quotidien de vos ados.

Maintenant que vos enfants savent que vous allez vous séparer, vous commencerez tous un long processus d'adaptation à la nouvelle structure familiale, ce qui peut prendre des mois, voire des années.

Comme nous l'avons vu au chapitre 2, certains enfants s'adaptent facilement à cette transition, tandis que l'adaptation est beaucoup plus difficile pour d'autres. Au prochain chapitre, il sera question de cette transition, de même que des facteurs qui facilitent ou qui rendent plus difficile l'adaptation au divorce ou à la séparation.

CHAPITRE 4

La vie après la séparation

Au chapitre précédent, il a été question de la manière d'annoncer votre séparation aux enfants... certains d'entre vous seront peut-être surpris de constater que leur enfant n'a pas eu l'air étonné à l'annonce de la nouvelle! Pourquoi? Parce que le divorce n'est pas un seul événement avant lequel tout était blanc et après lequel tout sera noir.

La documentation scientifique arrive maintenant à un consensus selon lequel un divorce est considéré comme un processus continu composé de multiples changements qui accompagnent la restructuration de la famille (Felner, Faber, & Primavera, 1983; Felner, Terre, & Rowlinson, 1988; Hetherington, 1979; Kurdeck, 1981).

Une transition graduelle

La famille dont les parents se séparent aura successivement vécu la période durant laquelle le couple est heureux, la période où les parents s'éloignent l'un de l'autre ou entrent en conflit, la période du bouleversement relié à la séparation concrète (ex. : déménagement, séparation des biens, décision quant à la garde des enfants, etc.), le deuil de la famille unie, l'adaptation à la réalité d'un parent à la tête d'une famille monoparentale et éventuellement la réalité d'une famille recomposée.

Évidemment, toutes les familles ne vivent pas nécessairement les mêmes étapes dans le même ordre, mais ce qu'il est important de comprendre, c'est qu'une séparation parentale représente un processus plutôt qu'un seul événement ponctuel.

Ce processus commence avant la séparation, et dure des mois ou des années après la séparation. C'est d'ailleurs pour cette raison que, tel qu'expliqué au chapitre 2, les effets de la séparation parentale sur les enfants sont si difficiles à étudier pour les chercheurs.

Heureux

En conflit

Séparation concrète

Deuil d'une famille unie

Réalité de la famille monoparentale

Rencontre d'un nouveau conjoint

La séparation parentale... un facteur de stress important

Nous avons déjà discuté du fait que, au lieu de continuer à s'intéresser aux effets de la séparation en tant que telle, les chercheurs ont commencé à s'intéresser aux effets des multiples facteurs associés à la séparation parentale tels que le niveau de conflit entre les parents.

La séparation parentale implique, de façon générale, une augmentation du stress sur les membres de la famille, tant chez les parents que chez les enfants. Voici, à titre d'exemple, des éléments stresseurs reliés à la séparation parentale :

- les finances (la séparation implique souvent une baisse de niveau de vie pour les parents qui doivent assumer seuls, chacun de leur côté, les dépenses associées au fonctionnement d'un foyer);
- un déménagement, un changement d'école ou de quartier;
- la perte d'un animal de compagnie si les parents quittent la maison pour aller vivre en appartement;
- la privation partielle, pour les enfants, d'un contact avec un de ses parents et pour le parent, avoir à se séparer de son enfant lorsqu'il est chez l'autre parent;
- la surcharge de tâches pour les parents, tâches qui étaient auparavant partagées;
- la négociation entourant la séparation, sur le plan du partage des biens et de la garde des enfants;
- l'adaptation au nouveau rôle de chef de famille monoparentale;
- les conflits qui peuvent perdurer entre les parents, etc.

Tout ce stress pourra avoir un impact direct sur les enfants, mais il les atteindra également indirectement, selon la façon dont leurs parents géreront eux-mêmes ce stress. Par exemple, un parent qui réagit à tous ces changements en étant anxieux, impatient ou en devenant dépressif aura un impact sur **sa relation avec ses enfants**, ce qui ajoutera au stress initial de ce dernier.

Les **pratiques parentales** peuvent aussi être influencées par le stress associé à la séparation. Les pratiques parentales idéales correspondent à un équilibre entre amour, chaleur, attention ET constance, clarté et régularité dans l'encadrement et la discipline. Elles requièrent une grande disponibilité des parents et leur équilibre émotionnel... Il peut arriver qu'il y ait un certain relâchement dans la période de la séparation. De moins bonnes pratiques parentales pourraient affecter l'adaptation générale des enfants à la situation en ayant un impact direct sur leurs comportements et sur leurs émotions.

La garde partagée est de plus en plus populaire. Cependant, dans plusieurs cas, les enfants vivront avec un des deux parents et ne verront l'autre parent qu'occasionnellement. Dans le cas de graves conflits entre les parents, l'un d'eux pourrait faire obstacle aux **contacts entre les enfants et l'autre parent**, ou encore l'un d'eux pourrait carrément abandonner son rôle parental et tout simplement ne réclamer aucun contact avec les enfants. Il est prouvé que le fait d'être privé de façon importante des contacts avec un parent, peu importe les raisons, affecte grandement les enfants.

Les événements négatifs entourant la séparation, notamment **les conflits entre les parents** impliquant directement les enfants, les pertes, les deuils, la baisse de niveau de vie et les différentes transitions pourraient tous influencer grandement la capacité des enfants à s'adapter à la séparation parentale. Plus il y a de facteurs de stress présents dans leur vie, plus la transition risque d'avoir des séquelles importantes chez eux.

Par contre, si les parents conservent un bon réseau social qui les soutient après la séparation, si les enfants ont eux-mêmes un bon groupe d'amis ou des contacts avec des membres de la famille élargie qui les soutiennent, l'adaptation des enfants à la nouvelle situation sera facilitée.

Enfin, il ne faut pas oublier que le bien-être, la santé mentale et la capacité de résolution de problème des enfants et des parents AVANT la séparation peuvent être des indices de la facilité avec laquelle ils s'adapteront à la séparation. Certaines personnes ont naturellement une bonne capacité d'adaptation au stress. Celles-ci se montreront probablement plus résilientes par rapport aux effets négatifs d'une séparation... un peu comme un chat qui retombe sur ses pattes.

Après ce survol des agents stresseurs pouvant accompagner la séparation, les sections suivantes présenteront plus en détail les différents facteurs associés à la séparation parentale, et la manière dont ils influencent l'adaptation des enfants.

La qualité de la relation entre le parent qui a la garde et les enfants

L'estime de soi est un facteur de protection contre les adversités de la vie. Chez les enfants, la qualité de leur relation avec leurs parents est grandement déterminante de leur estime de soi. Le soutien qu'ils obtiennent de leurs parents et la perception que ce soutien est inconditionnel leur apportera une confiance en eux qui leur permettra de soulever des montagnes!

Une séparation parentale peut altérer la relation entre les enfants et le parent qui en a la garde[3] à cause du stress et de toutes les émotions causées par la transition familiale. Si la qualité de la relation parent/enfants diminue, l'estime de soi des enfants en sera affectée, de même que leur comportement et leurs émotions. Si la relation demeure positive malgré la séparation, cette relation (et l'estime de soi des enfants qui en découle) peut devenir un facteur de protection contre les risques associés aux impacts de la séparation parentale sur l'adaptation des enfants.

Les émotions des parents

Nous avons vu que les nombreux changements que vivent les parents lors d'une séparation peuvent faire naître toutes sortes d'émotions. Ainsi, les parents peuvent vivre des émotions liées :

- au deuil;
- à l'échec;
- à la dépression;
- à la colère;
- à la culpabilité;
- à l'impatience.
- au surplus de tâches et à la pression financière;
- à l'anxiété.

Évidemment, la façon dont ces émotions sont gérées peut avoir un impact important sur la relation parent/enfants. Mais avant de discuter de cet impact, abordons les émotions propres aux enfants.

---

3. Si les enfants sont en garde partagée, la qualité de la relation entre eux et les DEUX parents est alors tout aussi importante.

Les émotions des enfants

Selon la façon dont la séparation se déroule, les enfants vivront plus ou moins de changements dans leur quotidien. Les changements les plus fréquents sont :

- la perte de leur routine ;
- la perte (totale ou partielle) des contacts avec un de leurs parents;
- la perte de l'ancienne structure familiale;
- la possibilité d'une diminution du bien-être matériel (en cas de difficultés financières des parents);
- la perte de la maison où ils ont grandi.

Selon les caractéristiques des enfants, notamment leur capacité initiale d'adaptation, leur résistance au stress, leur maturité, leur tempérament, il peut y avoir différentes façons de réagir à tous ces changements. Ils peuvent avoir des réactions négatives comme:

- l'agressivité;
- la colère;
- le « je m'en foutisme »;
- des problèmes à l'école (problèmes d'apprentissage ou comportementaux);
- une plus grande demande d'attention;
- de l'anxiété, de l'insécurité;
- un retrait social ou un repli sur soi;
- un état dépressif;
- l'isolement (surtout s'il s'agit d'un enfant unique).

Les enfants dont le niveau de conflit entre les parents est élevé, peuvent également vivre des sentiments de conflits de loyauté (aimer un parent, c'est trahir l'autre). Nous reviendrons sur ce sentiment du conflit de loyauté dans le chapitre suivant.

Interaction entre les émotions des parents et celles des enfants... 2 + 2 = 5

Si vous avez bien compris que les parents vivent beaucoup de changements et d'émotions en lien avec leur séparation et qu'il en va de même pour leurs enfants, vous devez bien vous douter que dans la relation parent/enfants, les émotions et les réactions s'additionnent.

En fait, c'est un peu plus compliqué qu'une simple addition! Concrètement, les comportements et réactions des enfants affectent les émotions et les attitudes parentales et vice-versa, de sorte qu'il y a un effet d'interaction entre les émotions des enfants et celles des parents, créant ainsi une somme plus grande que le total de ses parties. Autrement dit, 2 + 2 = 5!

Dans la relation parent/enfants, cette interaction entre les réactions de l'un et des autres crée parfois un cercle vicieux dans lequel les réactions des enfants affectent les attitudes parentales et vice-versa. Concrètement, cela peut se traduire par une distance qui s'installe entre le parent et les enfants. Moins de patience, plus de conflits... bref, une détérioration de la relation.

Lorsque cela se produit, c'est au parent de désamorcer le cercle vicieux... Ce serait une bien trop lourde responsabilité pour les enfants. Nous verrons au chapitre 6 comment y arriver.

Prendre notre enfant pour un confident ou même... pour un petit conjoint

Parfois, au lieu d'entraîner des conflits dans la relation parent/enfants, la séparation parentale peut entraîner une espèce de lien fusionnel entre eux. Après une séparation, plusieurs parents vivent un sentiment de solitude. Certains, probablement ceux qui sont plus dépendants sur le plan affectif, ou encore ceux qui ont un faible réseau social, donc peu de gens à qui confier leur détresse, ont tendance à confier leurs émotions et leurs problèmes d'adultes à leur enfant. Cette situation est particulièrement vraie quand le parent a un seul enfant. Certains vont même permettre à l'enfant de dormir avec eux, comme pour combler le vide créé par l'absence d'un partenaire amoureux. Ceux-ci diront souvent qu'ils donnent cette permission à l'enfant pour son bien, pour mieux répondre à son insécurité causée par la séparation. Peut-être que c'est vrai, mais parfois, à un niveau plus ou moins conscient, le parent peut donner cette permission pour des raisons bien égoïstes, ce qui peut avoir des effets pervers.

En fait, prendre notre enfant pour un confident, lui dire qu'il est le nouvel « homme de la maison », c'est probablement faire reposer une trop grande responsabilité sur ses trop petites épaules inexpérimentées. L'enfant risque de trop s'inquiéter pour son parent et ce dernier de trop s'inquiéter pour son enfant, ce qui créera une relation de codépendance et de surprotection mutuelle. Permettre à l'enfant de dormir avec soi pourrait nuire à sa capacité de s'adapter à l'éventuelle arrivée d'un nouveau conjoint ou d'une nouvelle conjointe car cela l'obligerait à reprendre sa place d'enfant dans la famille, sa place dans son lit.

Les pratiques parentales

Pour qu'un enfant se développe bien sur les plans comportemental et affectif, certaines pratiques parentales sont plus favorables que d'autres. En fait, la recherche nous dit depuis longtemps que les enfants ont besoin à la fois :

- d'attention, d'affection, et de jouer avec leurs parents;
- d'encadrement bienveillant, de structure et de constance dans la discipline.

Lorsque le parent trouve un équilibre entre sa façon de répondre à ces deux types de besoins chez ses enfants, on dit qu'il a un style « démocratique ».

Arriver à cet équilibre est déjà difficile pour des parents qui sont ensemble, qui s'aiment et qui se soutiennent mutuellement dans l'éducation de leurs enfants. Preuve qu'on n'est pas trop de deux pour faire des enfants! Mais quand il y a séparation, les parents peuvent perdre un peu cet équilibre dans leur réponse aux besoins affectifs de leurs enfants, dans leur façon de l'encadrer.

C'est malheureusement souvent le cas des parents chefs de famille monoparentale. Des études ont prouvé que les pratiques parentales sont influencées par les différents facteurs souvent présents chez les familles séparées tels que les conflits entre les parents (Kelly & Emery, 2003). Plusieurs autres facteurs amènent ces difficultés, notamment le manque de soutien d'un conjoint, le manque de temps, l'état émotif du parent qui réduit parfois sa tolérance, sa patience et sa capacité d'intervenir rationnellement. Cela peut avoir un effet sur la disponibilité du parent à répondre au besoin d'attention et d'affection des enfants et sur la constance de la discipline. Ayant une surcharge de tâches et moins de temps, les chefs de familles monoparentales peuvent en venir à remarquer seulement les comportements négatifs de leurs enfants, en oubliant de renforcer et de valoriser leurs comportements positifs. Le fait de participer davantage aux tâches de la maison et de ne vivre qu'avec un seul parent amène certains enfants plus vieux à se percevoir un peu comme l'égal de leur parent, et à avoir moins de tolérance aux limites que ce dernier leur impose. Il en résulte donc une perte d'autorité chez le parent.

Des pratiques parentales affectées à ce point peuvent entraîner de nombreuses réactions négatives chez les enfants. Ils peuvent avoir l'impression que leur parent les aime moins ou encore n'arrivent plus à prédire les réactions de leur parent par rapport à leurs propres comportements. Les attitudes parentales deviennent alors imprévisibles à leurs yeux. Les enfants peuvent devenir anxieux, colériques, moins tolérants à la frustration, opposants, agressifs, insécures et perdre leur estime de soi.

La quantité et la qualité des contacts avec le parent qui n'a pas la garde

Bien des enfants de familles séparées vivent en garde partagée de type « une semaine/une semaine », mais plusieurs autres vivent principalement chez l'un des deux parents. Dans de nombreux cas, les enfants verront régulièrement le parent qui n'a pas la garde. Mais, dans d'autres circonstances, les enfants ne verront plus ou ne verront que très rarement l'autre parent. Plusieurs raisons peuvent mener à cette situation. Parfois, c'est le parent qui a la garde qui fait volontairement obstacle aux contacts avec l'autre parent. À d'autres occasions, c'est le parent qui n'a pas la garde qui, volontairement, se détache et se dégage de ses responsabilités envers ses enfants.

D'autres contextes limiteront carrément les droits de visites ou de contacts de l'autre parent, notamment quand une grande distance géographique sépare les domiciles des deux parents, ou encore lorsque des difficultés psychologiques ou mentales chez le parent qui n'a pas la garde compromettent la sécurité des enfants, ou lorsque le parent a été reconnu coupable de violence conjugale ou d'abus sur ses enfants.

Peu importe la raison, de nombreuses études ont prouvé que les conséquences d'un manque de contacts avec un parent peuvent être désastreuses (Amato, 1993; Hetherington, Bridge & Insabella, 1998; Kempeneers & Dandurand, 2001).

Les statistiques démontrent que ce sont plus souvent les pères qui sont absents de la vie des enfants après une séparation. En fait, il semble que plus de 20 % des enfants n'ont pas de contact avec leur père non gardien ou ne le rencontrent qu'à quelques reprises durant l'année, et seulement le quart des enfants ont des visites chaque semaine chez leur père (Emery, 2003; Marcil-Gratton & LeBourdais, 1999; Seltzer, 1991; Statistique Canada, 1998). Ce sont surtout les garçons qui seraient affectés par l'absence du père, notamment en manifestant plus de signes dépressifs (Simons, Lin, Gordon, Conger & Lorenz, 1999). On peut facilement présumer qu'un garçon dont le père est absent est privé de son principal modèle masculin et que cette situation peut causer beaucoup de détresse chez lui.

Dans leurs écrits, deux chercheuses de l'Université de Montréal relatent que la littérature fait ressortir les conséquences importantes de l'absence du père (Carobene & Cyr, 2006). Elles expliquent que l'image entretenue du parent absent influe beaucoup sur l'expérience de perte, de dépression et de colère que peut vivre un enfant. De plus, la thèse de doctorat d'une étudiante en psychologie de l'UQAM fait également ressortir que lorsque l'absence du père est caractérisée par un désengagement complet de sa part, l'enfant vivra des sentiments d'abandon, de rejet, de tristesse et de dépression (Pagé, 2006).

Le niveau de conflit entre les parents

Je l'ai déjà mentionné dans le chapitre 2 et je ne le répéterai jamais assez... Les conflits entre les parents sont destructeurs pour les enfants, particulièrement lorsque ces conflits les concernent... et ce, que les parents soient ensemble ou séparés.

Heureusement, plusieurs parents arrivent à trouver un équilibre et un terrain d'entente quelques mois après leur séparation. Chacun de leur côté, ils retrouvent une stabilité et ils arrivent ainsi à mieux communiquer, à planifier des visites chez le parent non-gardien selon un horaire stable et à résoudre les conflits concernant la séparation des biens.

Ils deviennent ainsi ce qu'un chercheur américain a appelé « une famille binucléaire » (Ahrons, 1994). Dans ce type de famille, les deux parents ont chacun refait leur vie, soit dans le célibat ou avec un nouveau partenaire, ont retrouvé une stabilité et une nouvelle routine, ont fait le deuil de leur famille unie... ce qui leur permet de mieux collaborer pour répondre ensemble aux besoins des enfants. Donc, lors d'une séparation parentale, la famille unie subit un choc, se désorganise, retrouve ensuite une stabilité à travers deux unités familiales, interreliées par une communication régulière et cordiale entre les deux parents.

Vous allez me dire qu'il s'agit là d'une situation idéale et que seuls des auteurs en psychologie peuvent imaginer des scénarios aussi utopiques... Eh bien! détrompez-vous! En fait, plusieurs études démontrent qu'une majorité de parents séparés arriveront à ce que plusieurs auteurs appellent « l'adaptation postdivorce » après une période d'environ 18 mois à 2 ou 3 ans (Wallerstein & Blakeslee, 1989; Kaffman, 1993; Ahrons & Miller, 1993). D'autres recherches démontrent que le niveau d'adaptation des enfants s'améliore au fur et à mesure que les conflits entre les parents diminuent (Brown, Eichenberger, Portes & Christiensen, 1991; Burns & Dunlop, 2002).

Malheureusement, une minorité de parents séparés ne parviennent pas à trouver cet équilibre postdivorce ou postséparation. Pour le quart des familles séparées, les conflits entre les parents augmentent après la séparation et peuvent durer des années (Maccoby & Mnookin, 1992). Or, un niveau de conflit entre les parents pendant et après leur vie commune est l'un des plus grands déterminants de la détresse que peuvent ressentir les enfants... plus encore que la séparation elle-même (Buehler, Krishnakumar, Stone, Anthony, Pemberton, Gerard & Barber, 1998; Kelly, 2000; Kline, Johnston & Tschann, 1991; Oppawsky, 2000; Vanderwater & Landsford, 1998). D'autres chercheurs vont jusqu'à dire que le fait d'avoir été exposé aux conflits entre ses parents durant l'enfance augmente les risques qu'un individu souffre de symptômes dépressifs et d'autres difficultés psychologiques plus tard dans sa vie (Amato & Keith, 1991a; Buelher, XX, 1997; Davies & Cummings, 1994; Zill, XX, 1993).

Puisque le seul lien qui reste entre des parents séparés sont les enfants qu'ils ont eus ensemble, les conflits qui perdurent après la séparation ont souvent pour sujet... les enfants (Emery, 1994)! Ces derniers se sentent souvent en conflit de loyauté et peuvent avoir tendance à intervenir dans le conflit, soit en prenant parti pour l'un ou pour l'autre des parents, soit en tentant de jouer le rôle de médiateur (Emery, 1999; Kelly, 2000; Hetherington, 1999; McIntosh, 2003). D'autres enfants peuvent réagir en se sentant responsables des chicanes entre leurs parents, ou en craignant qu'ils ne les impliquent dans leurs conflits (Grych & Fincham, 1993; McIntosh, 2003).

Ce n'est pas le fait que les parents soient ensemble ou séparés qui influence le niveau d'adaptation des enfants à une situation, mais bien une interaction complexe entre de multiples facteurs reliés à la séparation, qu'ils en soient la cause ou la conséquence. Pour cette raison, bien des enfants peuvent relativement bien s'adapter à la séparation de leurs parents, particulièrement lorsque ces derniers s'adaptent eux-mêmes bien à leur nouveau statut, lorsqu'ils réussissent chacun à préserver une belle relation avec les enfants tout en les encadrant, et surtout lorsqu'ils parviennent à entretenir une relation cordiale de coparentalité.

Après un certain temps, les parents séparés parviennent à laisser leurs vieilles querelles de couple derrière eux. Ils refont leur vie et parviennent à collaborer et à communiquer minimalement pour le bien des enfants. Malheureusement, pour quelques familles, le conflit entre les parents demeurera très élevé, même plusieurs années après leur séparation. La vie après la séparation sera empreinte de colère, de querelles impliquant les enfants, de batailles juridiques, de campagnes de salissage... Il va sans dire qu'il s'agit là des pires situations de séparation qui peuvent avoir un impact fort négatif sur le développement psychologique des enfants. Il sera question de ce genre de situation dans le prochain chapitre.

CHAPITRE 5

Quand tout va mal…

Normalement, lorsqu'un couple se sépare, c'est parce que la vie à deux ne leur convient plus et qu'ils espèrent que, quelques mois après le divorce, leur vie s'améliorera… Dans certains cas, malheureusement, le conflit dans le couple persistera de nombreux mois, voire de nombreuses années après la séparation. Tel que discuté aux chapitres 2 et 4, un niveau de conflit élevé entre les parents séparés représente la pire situation pour leurs enfants, qui se sentent pris au centre du conflit.

Dans ce *no man's land* entre deux camps adverses, les enfants seront touchés de différentes façons. Il se peut qu'un parent leur pose des questions sur la vie de l'autre parent ou qu'ils soient transformés en messagers de malheur (« Tu diras à ta mère que… »), ou encore qu'ils subissent une campagne de salissage qu'un parent peut mener contre l'autre parent. Dans ce genre de situation, les enfants sont, en quelque sorte, pris en otage, et ressentent un conflit de loyauté. Autrement dit, aimer un parent, c'est trahir l'autre parent.

Ce qui amène certains parents à maintenir un niveau élevé de conflit entre eux

Rares sont les personnes qui aiment vivre constamment dans le conflit. Alors comment se fait-il qu'un couple sur quatre qui se séparent continuera à vivre des niveaux intenses de conflits, et ce, même des années après la rupture?

Plusieurs facteurs peuvent expliquer cet état de choses… Les sections suivantes exposeront une à une les différentes causes de ces conflits persistants après une séparation parentale.

Présence de conflits AVANT la séparation

Ne soyons pas dupes! Souvent, quand des parents se séparent c'est parce qu'il y a déjà eu des conflits plus ou moins importants entre eux. En fait, des études longitudinales ont fait ressortir que bien des problèmes observés chez des enfants dont les parents sont séparés étaient en fait présents AVANT la séparation (Block, Gjerde, 1986; Cherlin, Surstenberg, Chase-Lansdale, Kiernan, Obins, Moraison, Peitler, 1991). D'autres chercheurs qui se sont intéressés à ce phénomène ont confirmé que les difficultés de ces enfants avaient été causées par le climat conflictuel entre les parents AVANT leur rupture, plutôt que par la séparation parentale (Howes & Markman, 1989; Kot & Shoemaker, 1999; Morrison & Coiro, 1999; Unger, Brown, Tresell & McLeod, 2000). C'est donc un indice que les conflits parentaux étaient déjà présents bien avant la séparation et ont probablement été la cause de cette séparation.

Après la rupture, plusieurs parents arrivent à faire la paix, puisqu'ils ont à cœur le bien de leurs enfants et qu'ils n'ont plus à vivre quotidiennement avec les comportements irritants de l'autre parent. Mais pour d'autres, les conflits se poursuivront de nombreux mois après la séparation, particulièrement lorsque les conflits avant leur rupture étaient intenses, impliquaient de la violence ou encore des luttes de pouvoir.

Mésententes menant à un litige à la Cour

Les parents incapables de s'entendre à l'amiable pour la séparation des biens ou la garde des enfants auront recours à la justice pour obtenir un jugement et ainsi arriver à conclure le divorce ou la séparation. Or, plusieurs auteurs sont d'avis que la façon dont le système judiciaire fonctionne – il est compétitif par nature – peut exacerber le conflit entre les parents et même augmenter les risques d'aliénation parentale (Kopetski, 1998; cité dans Williams, 2001).

D'autres auteurs expliquent que certains avocats peuvent, volontairement ou non, entretenir le conflit entre les ex-conjoints, notamment en cherchant à identifier les faiblesses chez la partie adverse (Rooney & Walker, 1999). Le simple fait de chercher des faiblesses chez l'autre parent et de vouloir « gagner » à tout prix augmente le niveau de tension entre les parents et crée une situation où tout le monde est perdant... sauf peut-être les avocats qui s'enrichissent lorsque les procédures de leurs clients se multiplient et perdurent!

Je ne veux pas associer ce comportement à tous les avocats... Plusieurs travaillent avec une approche très humaine et tentent d'en arriver à une entente où tout le monde se sent respecté. Plusieurs parents arrivent dans leurs bureaux avec déjà beaucoup de colère contre l'autre parent, alors tous les conflits ne sont pas entièrement attribuables aux comportements des avocats ou au caractère compétitif du système judiciaire. Mais, les avocats les plus ambitieux peuvent parfois être tentés de vouloir faire gagner leur client à tout prix, ce qui implique souvent de chercher les erreurs de l'autre sans vouloir reconnaître les siennes. C'est la pire attitude à adopter quand on veut résoudre un problème et créer un climat de confiance. Bref, les procédures légales hautement conflictuelles peuvent être l'un des facteurs qui contribuent aux disputes interminables entre deux parents séparés (Kelly, 2003).

Comportements ayant engendré de la colère ou de la méfiance

Certains comportements des ex-conjoints avant la séparation ont pu faire en sorte que la colère ou la méfiance chez l'autre ne se dissipe pas facilement. L'abus de drogue ou d'alcool et les aventures extra-conjugales en sont de bons exemples (Kelly, 2003; Roseby & Johnston, 1997 a, 1997b).

L'abus de substances peut causer beaucoup de détresse et de déception chez l'autre parent qui, lorsqu'il prend la décision de se séparer, peut ressentir beaucoup d'amertume par rapport à ce que son ex lui a fait subir.

Les aventures extra-conjugales peuvent aussi mener à des niveaux de colère ou d'amertume intenses. Normalement, la personne trompée ressentira des sentiments de honte, d'humiliation et une grande perte de confiance envers l'autre. La personne trompée peut attribuer l'entière responsabilité de la séparation à l'autre, ce qui peut maintenir un niveau de conflit élevé entre eux.

Enfin, il est évident que les couples qui ont vécu de la violence conjugale peuvent éprouver beaucoup de difficulté à maintenir une relation cordiale après une séparation, la victime étant méfiante de son agresseur et voulant éviter les contacts avec lui. Les parents dont les conflits ont mené à de la violence conjugale sont donc plus à risque d'avoir à surmonter des obstacles à leur adaptation à la séparation.

Troubles de la personnalité ou troubles psychologiques

Un trouble de personnalité chez l'un des parents peut être à la fois la cause de la séparation ET celle des conflits qui perdurent après la séparation (Kelly 2003). En fait, un des deux parents ou même les deux peuvent avoir un trouble de la personnalité ou un trouble psychologique causant les conflits entre eux, ce qui peut faire durer le conflit longtemps après la transition familiale.

Certains problèmes personnels peuvent faire en sorte qu'un des deux parents ne parvient pas à surmonter le deuil de son ex-conjoint ou le deuil de sa famille unie, l'amenant ainsi à avoir des comportements de jalousie ou encore l'amenant à constamment chercher le conflit avec l'autre, comme si c'était la seule façon de maintenir un contact avec lui ou elle.

Les troubles de personnalité et les troubles psychologiques peuvent également causer des litiges concernant la garde des enfants, surtout lorsque le parent plus « sain » craint pour la sécurité de son enfant et que le parent « atteint » nie sa condition.

Implication de la famille élargie ou des professionnels dans le conflit
Après une séparation, il est fréquent que les deux parents se tournent chacun vers leur famille respective, parents et amis, pour se confier et chercher le soutien dont ils ont besoin pour surmonter l'épreuve de la rupture.

Jusque-là, il n'y a rien de mal là-dedans, au contraire! Il est même prouvé que les parents séparés qui ont un bon réseau social et qui obtiennent le soutien de leur famille s'adaptent mieux à la séparation et remplissent mieux leur rôle parental.

Parfois, cependant, les amis et les membres de la famille élargie s'impliquent dans le conflit entre les parents et ruminent sur les erreurs commises par l'autre parent. Les proches, loin d'aider à calmer le conflit, ajoutent alors de l'huile sur le feu. Lorsqu'il en est de même du côté de l'autre parent, il peut en résulter de véritables guerres de clans.

Une situation similaire peut se produire lorsque le parent consulte un professionnel, psychologue ou autre, dans le but de surmonter le choc de la rupture. Dans ce cas, le mandat du professionnel est de travailler pour le bien-être de son client et non pour la relation entre les ex-conjoints. Comme le professionnel n'entend que la version de son client et qu'il doit être empathique à son égard, le client peut en arriver à percevoir que son psy est « de son bord »! Parfois, certaines interventions plus maladroites faites pour soutenir le client peuvent en fait augmenter sa colère contre l'autre parent.

Les façons dont les enfants peuvent être impliqués dans le conflit

Les enfants peuvent être exposés de multiples façons aux conflits entre leurs parents. Ils peuvent simplement en être témoins lors de leurs conversations téléphoniques ou lors de leurs rencontres en leur présence, par exemple, lors de la transition de garde. Même si, dans ces cas, les enfants sont passifs et que personne ne s'adresse à eux directement, le climat de tension émergeant de ces conflits peut leur causer beaucoup de détresse, d'anxiété et les faire se sentir coupables des conflits entre leurs parents (ils peuvent se dire : « Après tout, si je n'existais pas, ils ne seraient plus obligés de se parler »).

Pensez-y... comment vous sentez-vous lorsqu'un couple d'amis se disputent devant vous? Mal? Pourtant, contrairement à un enfant avec ses parents, vous n'êtes pas dépendant de ces amis et ils ne sont pas votre figure principale de sécurité! Alors, imaginez comment vos enfants peuvent se sentir en étant témoins d'un conflit entre leurs parents...

Dans certains cas, ils s'impliqueront dans le conflit, soit pour prendre parti et faire alliance avec un des deux parents (par peur de perdre les deux), soit en tentant de jouer aux médiateurs entre leurs parents. D'autres enfants s'isoleront, sentant que leurs père et mère sont trop envahis par leurs conflits pour être attentifs à leurs besoins.

D'autres impliqueront leurs enfants plus directement dans leurs conflits avec l'autre parent. Par exemple, ils lui parleront en mal de l'autre : « Ton père a toujours été un... », « Ta mère et ses manies de... ». Pire encore, les parents très en colère l'un contre l'autre et voulant éviter toute communication avec l'ex peuvent, consciemment ou non, transformer leurs enfants en messagers de malheur : « Tu diras à ton père que je trouve stupide son idée de t'inscrire à... », « Tu diras à ta mère qu'elle implique son nouveau conjoint trop rapidement dans ta vie... ».

Lorsqu'un enfant reçoit ce genre de demande, il reçoit en même temps toute la charge de colère qui vient avec... En plus, il s'expose à la colère du deuxième parent lorsque celui-ci reçoit le message

Le rôle de messager ou de courtier en communication ne devrait pas être le rôle d'un enfant! C'est aux parents que revient la responsabilité de communiquer ensemble soit directement, soit par l'entremise de leurs avocats ou de leur médiateur lorsqu'un niveau trop élevé de colère nuit à la communication directe.

Dans les cas de conflits extrêmes et de processus interminables à la Cour, la garde des enfants est souvent l'objet du litige. Un avocat peut alors être assigné aux enfants afin de les représenter et de défendre leurs droits devant le juge. De plus, les parents peuvent volontairement (lorsque recommandé par leur avocat), faire appel à un professionnel qui procédera à une expertise psychosociale ou psycholégale de leur situation, afin que ce dernier fasse des recommandations à la Cour concernant la garde des enfants. Dans certains cas, c'est le juge qui ordonne que la famille se soumette à une telle expertise dans le but d'être en mesure de prendre une décision dans le meilleur intérêt des enfants, l'expert étant neutre et impartial dans le litige, contrairement aux parents et aux avocats.

Idéalement, l'expert procédera à des évaluations parallèles des deux parents (et parfois de leur conjoint respectif, lorsqu'ils en ont un) à l'aide d'entrevues et de tests,. Il fera également l'évaluation des enfants par des entrevues et des tests (pour les enfants de 3 ans et plus) et par l'observation de la qualité du lien entre les enfants et chacun des parents. Parfois, l'expert fera des observations à domicile, afin de voir la famille évoluer dans son milieu naturel.

L'expertise peut être une bonne façon pour un juge de prendre une décision dans le meilleur intérêt des enfants. Malheureusement, cependant, ces derniers ont déjà été exposés aux conflits entre leurs parent lorsqu'ils en arrivent à cette étape dans le processus légal.

Lorsque les parents sont de bonne foi et comprennent bien les recommandations de l'expert, l'expertise leur permet d'enfin déterminer un contexte de garde stable pour les enfants (même si au fond, c'est probablement le juge qui l'aura déterminé). Mais dans d'autres cas, un parent qui perçoit que l'expertise lui a été défavorable (parce que les recommandations lui accordent moins de contacts avec les enfants qu'il ne le désirait) peut demander une contre-expertise menée par un deuxième expert... et toute la famille doit alors subir à nouveau entrevues, tests et observations, ce qui n'est pas nécessairement une partie de plaisir pour les enfants!

Les cas extrêmes d'aliénation parentale...

L'aliénation parentale survient lorsque le parent dit « aliénant » tente par diverses manières d'éloigner ses enfants de l'autre parent, dit « aliéné ». Lorsque le parent aliénant atteint son but, les enfants font alliance avec lui et rejettent ouvertement l'autre parent.

Ce concept du syndrome de l'aliénation parentale a été élaboré par Gardner, un psychiatre qui faisait des expertises en matière de garde légale d'enfants (1985, 1992, 1998). Toutefois, sa définition du phénomène soulève certaines controverses chez les experts des milieux judiciaires, du domaine social et de la santé mentale, pour deux grandes raisons (Gagné, Drapeau & Hénault, 2005)... Premièrement, plusieurs auteurs sont contre l'utilisation du mot « syndrome », qui fait partie de la terminologie médicale et qui laisse croire, un peu à tort, que l'aliénation parentale est une pathologie de l'enfance. Deuxièmement, la définition de Gardner exprime que l'attitude des enfants a nécessairement a été induit par un « lavage de cerveau » de la part du parent aliénant. Or, certains enfants peuvent avoir une attitude de rejet envers un parent ou refuser les contacts avec lui sans que l'autre parent n'ait nécessairement eu recours à des techniques de sabotage de son image (Lund, 1995; Warshak, 2002).

Il y a, entre autres, les enfants d'âge préscolaire souffrant d'anxiété de séparation qui se mettent à pleurer lors de la transition de garde entre les deux parents. Il y a aussi les adolescents qui, à cause de l'opposition et de l'apathie qui les caractérisent parfois, peuvent refuser de voir un parent sans que l'autre ait tenté de les endoctriner. Les enfants peuvent aussi faire alliance avec un de leurs parents afin de cesser d'être pris au centre des conflits parentaux. D'autres le font par souci de protection du parent qu'ils perçoivent comme étant plus vulnérable. Par exemple, si papa a une blonde et ne vit pas seul, un enfant pourrait sentir qu'il abandonne sa mère à sa solitude lorsqu'il passe du temps chez papa, ce qui peut être suffisant pour refuser de se rendre chez lui, pour certains.

Parfois, c'est le parent aliéné qui s'est aliéné lui-même en adoptant des comportements violents, en ayant abusé des enfants, en ayant tout simplement une incompatibilité de caractère avec eux ou en démontrant peu d'intérêt pour eux. Enfin, à certaines phases de sa vie, un adolescent pourrait préférer vivre avec le parent du même sexe pour des questions d'affinités et parce qu'il est en quête de modèles pour bâtir son identité...

Bref, il faut être très prudent avant d'accuser un parent de faire de l'aliénation parentale. Monsieur Gardner n'est pas complètement « dans le champ », car le phénomène de l'aliénation parentale existe bel et bien et il est important de l'identifier et de prendre les moyens pour la faire cesser lorsqu'elle se produit réellement... mais l'évaluation de ce phénomène s'avère une opération délicate, car très peu d'études rigoureuses sur le plan scientifique ont été conduites sur le sujet jusqu'à maintenant et nous manquons encore d'outils valides et efficaces pour bien mesurer la présence et l'intensité de conduites parentales aliénantes.

Le fait que certains enfants résistent aux conduites aliénantes d'un parent en insistant pour continuer à voir l'autre parent ET le fait que certains enfants refusent de voir un parent sans que l'autre n'ait eu des conduites aliénantes complexifie les choses pour les chercheurs. Donc, beaucoup reste à faire dans l'avancement des connaissances sur ce sujet d'étude.

Les professionnels de différents domaines, notamment du domaine légal, connaissent bien l'existence de ce phénomène (sans nécessairement en connaître tous les détails), mais il est parfois utilisé à toutes les sauces. Cela peut avoir des conséquences fâcheuses telles que l'augmentation du niveau de conflit entre les parents, particulièrement lorsque de fausses accusations de conduites aliénantes sont portées contre un d'eux.

La facilité avec laquelle on peut sauter à la conclusion qu'un parent est aliénant dès qu'un enfant rejette l'autre parent fait parfois en sorte, malheureusement, que bien des parents se concentrent sur leurs conflits plutôt que sur l'identification de la cause réelle de cette attitude chez l'enfant et sur la recherche de solutions.

Lorsque les enfants deviennent le symbole de l'échec...

Enfin, avant de terminer ce chapitre, j'aimerais bien attirer votre attention sur le fait que lorsque, après une séparation, on continue pendant longtemps à détester notre ex, un phénomène bien malheureux peut se produire. En effet, j'ai déjà rencontré des familles séparées où la mère était enragée contre son ex et où l'enfant, en grandissant, ressemblait de plus en plus à celui-ci... ce qui amenait la mère à adopter des comportements de rejet envers son enfant. Même si cette attitude était inconsciente, subtile et probablement involontaire, l'enfant la ressentait et s'éloignait graduellement de sa mère. Notez bien que la même chose peut se produire avec un père dont la fille ressemble à son ex. Dans d'autres cas, un enfant pourrait, aux yeux de son parent, devenir le symbole du mariage raté... comme si l'enfant lui-même était « raté » puisqu'il est issu d'une union qui a échoué. Évidemment, le parent n'utilise pas nécessairement ce langage ouvertement avec son enfant, mais cela se traduit par des comportements subtils, par exemple donner plus d'attention aux enfants issus d'une nouvelle union et se détacher un peu de celui de l'union précédente.

Comme je le mentionnais, ce phénomène peut se produire à des niveaux bien inconscients chez les parents, mais si vous avez des problèmes relationnels avec vos enfants présentement, il serait bon de vous demander si leur ressemblance avec votre ex y est pour quelque chose. Si vous avez refait votre vie et que d'autres enfants sont issus de cette union, prenez le temps d'accorder du temps, de l'importance et de l'attention à vos enfants issus d'unions précédentes. Ils ont encore besoin de vous, et le fait de se sentir rejetés par vous (que se soit à tort ou à raison) aurait un effet dévastateur sur leur estime de soi.

Pour terminer ce chapitre, qui a sûrement été le plus difficile à lire puisqu'il y était question de situations assez dramatiques, laissez-moi vous raconter une anecdote au sujet d'un de mes collègues et mentor, expert en matière de garde légale d'enfant.

Un couple séparé pour qui il avait fait l'expertise ont eu des conflits très intenses pendant de nombreuses années après leur séparation... Il a rencontré l'un deux dernièrement et a pris de nouvelles des enfants, maintenant devenus adultes. Quelle ne fut pas sa surprise d'apprendre que l'un d'eux s'est marié, que son mariage fonctionne bien... et qu'aucun des deux parents n'a été invité au mariage! L'enfant en question a dû en avoir ras le bol d'être pris au centre de leurs conflits, et a décidé d'avoir des noces harmonieuses en ne les invitant tout simplement pas.

Voilà donc la preuve que même si, en bas âge, les enfants subissent les conflits entre leurs parents sans vraiment avoir de pouvoir sur la situation, ils peuvent drôlement prendre le contrôle de leur vie une fois devenus adultes... notamment en éclipsant tout risque d'être à nouveau témoin des conflits dont ils ont été au centre durant toute leur enfance!

CHAPITRE 6

Des moyens de faciliter les choses

Le chapitre précédent a fait état des pires situations de séparation pour les enfants. Heureusement, cela ne touche pas toutes les familles séparées. Comme nous l'avons déjà mentionné, la majorité des parents arriveront à s'adapter positivement à la séparation dans les deux à trois ans qui suivent celle-ci, et parviendront à développer une relation de coparentalité adéquate pour le bien de leurs enfants.

En fait, des parents qui se séparent ne se séparent jamais définitivement. Ils continuent leur vie chacun de leurs côtés tout en restant liés dans l'accomplissement de leur rôle parental et dans les prises de décision concernant leurs enfants.

Ce chapitre a donc pour but de vous donner les moyens d'arriver à ce niveau d'adaptation, et également de vous permettre d'adopter les attitudes parentales qui favoriseront une meilleure adaptation chez vos enfants.

La médiation

Avez-vous déjà entendu parler de la médiation familiale ? Il s'agit d'une mesure introduite au Québec par une loi en 1997. Elle permet aux couples qui se séparent de s'entendre à l'amiable sur les différentes modalités de leur séparation telles que la garde des enfants, les droits d'accès du parent non-gardien, la pension alimentaire ou la pension pour enfants, ainsi que toutes les questions financières et de séparation de biens.

Cette loi s'adresse spécifiquement aux couples avec enfant(s) et la bonne nouvelle, c'est que ce service est offert gratuitement... du moins les six premières rencontres. En fait, il s'agit d'un mode de résolution de conflit au cours duquel le médiateur, une personne neutre et impartiale, aide les parents à en arriver à une entente équitable et veille à ce que cette entente réponde aux besoins de tous les membres de la famille (incluant les enfants). Le médiateur aide également les parents à communiquer respectueusement entre eux. Ce sont les parents qui prennent ensemble les décisions concernant leur entente, et non le médiateur. Normalement, ce dernier ne donne pas de conseil aux parents... Par contre, s'il juge qu'un des deux parents ou les enfants auraient besoin de services professionnels (ex. : psychologue), il peut en faire la suggestion.

Il existe trois situations pouvant amener des parents à utiliser le service de médiation (Justice Québec, 2009) :

Les parents le font volontairement :
Lorsque des parents qui décident de se séparer veulent, dès le départ, négocier leur entente de séparation à l'amiable, ils peuvent avoir recours aux services d'un médiateur qui les aidera à franchir toutes les étapes de ce processus.

La séance d'information obligatoire :
Si les parents ne s'entendent pas sur les différentes modalités de leur séparation et désirent se rendre au tribunal pour obtenir un jugement, ils doivent obligatoirement assister à une séance d'information sur la médiation avant que la cause soit entendue devant un juge. Après avoir assisté à la séance d'information, les parents ont le choix d'aller en médiation ou d'entamer leurs procédures légales.

La médiation ordonnée par un juge :
Durant un procès, le juge peut à tout moment ordonner aux parents d'avoir recours à la médiation familiale.

Cinq types de professionnels peuvent être médiateurs accrédités. Il s'agit des membres des ordres professionnels suivants :

- le Barreau du Québec;
- la Chambre des notaires du Québec;
- l'Ordre professionnel des conseillers et conseillères en orientation et des psychoéducateurs et psychoéducatrices du Québec;
- l'Ordre des psychologues du Québec;
- l'Ordre professionnel des travailleurs sociaux du Québec.

Donc, si vous désirez profiter des services d'un médiateur, vous avez le choix entre un avocat, un notaire, un conseiller en orientation, un psychoéducateur, un psychologue ou un travailleur social.

Que votre niveau de conflit soit faible, moyen ou élevé, vous n'avez pas grand-chose à perdre à faire l'essai de ce mode de résolution de problème... C'est gratuit! Du moins les six premières rencontres. Cela peut vous éviter des frais associés aux procédures à la Cour (dépôt de la demande, honoraires d'avocats) et, en même temps, cela peut vous permettre d'arriver assez rapidement à une entente qui respecte les besoins de tous, le tout dans un climat beaucoup moins compétitif et beaucoup moins tendu qu'à la Cour.

En vous permettant d'éviter le contexte compétitif du tribunal (là où il y a habituellement un gagnant et un perdant), la médiation pourrait vous aider à limiter le conflit avec votre ex et vous assurer de trouver un terrain d'entente où tous sont gagnants.

Le choix du contexte de garde

Comme je ne suis pas notaire, ni avocate, ni comptable, les modalités de séparation d'un couple qui m'intéressent vraiment sont celles qui concernent les enfants... ce que vous ferez de la voiture, de vos REER et de votre écran plasma, bien que cela puisse être important pour vous, m'importe peu. C'est normal, je suis psychologue pour enfants! Mon but est de vous faire réfléchir sur l'importance de ne pas oublier leurs besoins affectifs, même lors de la transition familiale qui peut être difficile pour vous également.

On a longtemps cru que le meilleur contexte de garde pour les enfants était qu'ils restent avec leur mère et qu'ils voient leur père occasionnellement. Donc, pendant longtemps, sans que les gens se posent trop de questions, lorsqu'un couple se séparait, les enfants allaient presque automatiquement avec leur mère et se rendaient chez leur père une fin de semaine sur deux, mis à part quelques exceptions. Aujourd'hui, bien que plusieurs familles fonctionnent encore selon ce modèle, il est de plus en plus commun de voir des enfants en garde partagée, qui sont en alternance une semaine chez leur mère et une semaine chez leur père.

La garde partagée

Certains sont pour, d'autres contre. Vous voulez savoir ce que j'en pense? Vous allez avoir une vraie réponse de psychologue... Ça dépend!!! Comme chaque famille est unique en son genre, la garde partagée de type une semaine/une semaine peut convenir à certaines familles et pas à d'autres.

Un auteur a répertorié, dans la documentation scientifique sur le sujet, 11 variables qui doivent être considérées avant d'établir un système de garde partagé (Gould, 1998). Les voici :

1. La capacité des parents à séparer leurs difficultés matrimoniales passées des décisions parentales qu'ils doivent effectuer dans un contexte de garde partagée.
2. La qualité de la relation que l'enfant entretient avec ses deux parents doit être bonne.
3. La stabilité psychologique de chaque parent.
4. Le désir que chaque parent a de partager la garde.

5. Le problème de dépendance à la drogue ou à l'alcool d'un parent.
6. Le niveau de colère et d'amertume qui existe entre les parents.
7. Les problèmes avec la justice d'un parent.
8. Les différences de discipline appliquée chez chacun des parents.
9. La flexibilité de l'horaire et la disponibilité de chaque parent.
10. La proximité géographique des résidences des deux parents.
11. L'âge de l'enfant.

Pour résumer le tout, les parents doivent avoir un faible niveau de conflit, être en bonne santé mentale (pas de trouble psychologique, pas de comportements antisociaux, pas d'abus de substances, etc.), avoir une bonne relation avec leurs enfants, avoir des approches éducationnelles similaires (du côté de l'encadrement), ne pas avoir de problèmes avec la justice, être flexibles au niveau de leurs horaires, et habiter non loin l'un de l'autre. Ça fait beaucoup de critères à respecter, mais de nombreuses familles séparées y parviennent.

Il est préférable d'attendre qu'un enfant soit âgé d'au moins 3 ans avant de penser à la garde partagée. Plus jeune, il éprouve un plus grand besoin de stabilité, ce qui fait en sorte qu'il est souhaitable qu'il reste principalement chez l'un de ses parents, celui qui est le plus disponible, pour lui donner les soins et la stabilité dont il a besoin.

Entre 1 an et 3 ans, selon le niveau de développement et la qualité du lien d'attachement de l'enfant, les contacts avec l'autre parent peuvent être prolongés à condition que la communication entre les deux parents soit bonne.

Avant 1 an, dans un monde idéal, les contacts avec l'autre parent doivent être courts et fréquents. Courts pour que l'enfant ne soit pas trop longtemps séparé de sa principale figure d'attachement, et fréquents pour qu'un lien significatif se crée entre l'enfant et le parent qui n'a pas la garde. L'importance d'une bonne relation entre les parents et un maximum de stabilité pour l'enfant est constamment soulignée dans la littérature.

Le meilleur contexte de garde pour une famille est donc celui où les enfants et les deux parents se sentent à l'aise, et celui qui offrira un maximum de stabilité aux enfants. Ayant moi-même effectué des expertises en matière de garde légale d'enfants, je peux vous confirmer qu'il s'agit d'une question de « cas par cas », le meilleur contexte de garde pouvant varier d'une famille à l'autre, selon sa réalité.

Les besoins d'un enfant pouvant changer avec son développement, il est possible qu'un contexte de garde qui fonctionnait bien à une période de sa vie soit remis en question et ensuite modifié pour répondre à de nouveaux besoins. À titre d'exemple, certains auteurs stipulent qu'il peut être important pour certains adolescents, qui se lassent de changer constamment de maison, d'être plus souvent avec le parent de même sexe pour des questions d'identité. De même, lorsqu'un parent a un nouveau conjoint, l'enfant pourrait être plus à l'aise avec un contexte de garde modifié, selon la manière dont cette personne module la relation parent/enfant et la qualité de la relation enfant/beau-parent.

Offrir des repères visuels aux enfants qui ne comprennent pas leur contexte de garde

Si vous avez de jeunes enfants, il est possible qu'ils soient parfois confus par rapport au nouveau contexte de garde. Ils peuvent vous demander « Dans combien de dodos pourrais-je revoir papa? » ou encore « Quand j'irai chez papa, il faudra combien de dodos avant que je retourne chez toi? ». La notion de temps est parfois trop abstraite pour les jeunes enfants, qui peuvent ressentir une légère angoisse par cette incompréhension du contexte de garde. Dans ces situations, j'ai souvent suggéré à des parents d'offrir un repère visuel aux enfants afin qu'ils puissent s'autorassurer lorsqu'ils se sentent confus, et apprendre plus rapidement l'horaire de changement de garde ou de visite chez le parent non-gardien. Un simple calendrier avec des icônes représentant papa et maman devrait suffire pour les aider à visualiser leurs semaines.

Comment aider concrètement les enfants à s'adapter

Au chapitre 4, nous avons vu les différents facteurs pouvant influencer l'impact d'une séparation parentale sur l'adaptation des enfants. Logiquement, si les parents prennent ces facteurs en compte, la transition devrait se faire plus aisément. C'est ce que deux chercheuses ont avancé comme hypothèse (Weiss & Wolchik, 1998). Elles ont même développé un programme d'intervention pour les mères venant de se séparer afin de prévenir les différents problèmes que les enfants peuvent vivre à la suite de la séparation parentale tels que les problèmes de comportements, d'anxiété et de dépression. Leur programme est basé sur des interventions visant à agir sur quatre principaux facteurs pouvant influencer l'adaptation des enfants :

- la qualité de la relation parent-enfant;
- la qualité de l'encadrement ou de la discipline parentale;
- les contacts avec le père (ou le parent qui n'a pas la garde);
- la protection contre les événements négatifs entourant la séparation tels que le stress parental, les conflits entre les parents et l'instabilité.

Vous trouverez donc, dans les sections qui suivent, des trucs concrets pour agir sur ces facteurs... certains sont inspirés du programme de mesdames Weiss et Wolchik, certains proviennent de ma tête et sont donc inspirés de mon expérience clinique avec les familles séparées.

Améliorer la relation parent/enfant

Vous savez déjà qu'une séparation peut affecter la relation entre un parent et ses enfants. À cause du deuil de la famille unie qu'ils doivent faire, des tâches ménagères plus nombreuses à effectuer et du nombre de changements à gérer (ex. : médiation, déménagement), les parents peuvent inconsciemment diminuer le niveau d'attention qu'ils accordent à leurs enfants, ce qui peut diminuer la qualité de leur relation avec eux.

Les enfants qui ressentent cette perte d'attention pourraient se mettre à adopter de nouveaux comportements pour tenter de récupérer cette attention... ces nouveaux comportements n'étant pas toujours les plus désirables aux yeux des parents! La diminution de l'attention du parent pourrait avoir l'effet d'augmenter la rivalité ou la compétition des enfants de la famille pour l'obtention de cette attention, devenue plus rare.

Il a également été question au chapitre 4 du cercle vicieux qui peut s'installer dans la relation parent/enfant, lorsque chacun de son côté a des émotions négatives qui le rendent moins patient ou plus agressif envers l'autre (vous vous souvenez du 2 + 2 = 5?). À l'opposé, lorsque la relation parent/enfant est positive et permet à l'enfant de percevoir l'amour inconditionnel que son parent a pour lui, cela favorise son estime de soi.

L'estime de soi agit comme une bulle de protection contre les adversités de la vie. Donc, plus vous favorisez l'estime de soi de vos enfants, plus ces derniers ont des chances d'être protégés des impacts négatifs de la séparation parentale. Voilà donc des suggestions pour vous aider à maintenir une bonne relation avec vos enfants et briser le cercle vicieux qui peut s'installer à la suite de la séparation parentale...

Prévoir des activités familiales amusantes

Faire une activité familiale amusante au moins une fois par semaine est une excellente façon de maintenir une bonne relation parent/enfants... Cela donne aux enfants un sens de la famille (ce qui compense grandement le sentiment qu'ils ont pu avoir de perdre une famille), et permet d'instaurer une nouvelle tradition.

De plus, si des conflits parent/enfants ont eu lieu durant la semaine, les enfants seront rassurés de savoir qu'invariablement, un moment positif aura lieu plus tard dans la même semaine pour rééquilibrer les relations. Idéalement, on choisira des activités actives au lieu d'activités passives, telles que regarder la télé. Le but de l'intervention est d'augmenter les interactions positives entre les membres de la famille. Quand on regarde la télé, on est tous spectateurs du même divertissement, mais on n'interagit pas beaucoup! En fait, seulement quelques critères devraient vous aider à choisir de bonnes activités familiales :

- elles ne doivent pas coûter cher;
- elles ne doivent pas comporter de problème à résoudre, de pleurnichage ni de conflits;
- elles doivent être amusantes.

Vous seriez surpris du nombre d'activités correspondant aux critères cités. Il peut s'agir d'aller jouer au parc, de faire une partie de basketball dans la cour, de faire un jeu de société, de jouer aux cartes, d'aller manger une crème glacée à la crèmerie du coin… mais voilà que je suis en train de vous donner des propositions tout cuit dans le bec!

Vous trouverez ci-dessous un espace où vous pouvez faire votre propre liste d'activités familiales amusantes. Après tout, vous connaissez mieux les goûts et intérêts de votre famille que moi! Écrire ces activités peut vous sembler un exercice évident et futile, mais si vous impliquez vos enfants dans l'exercice, ils se sentiront déjà plus importants et verront que vous faites des efforts pour ne pas oublier d'avoir du plaisir avec eux. De plus, plus votre liste sera détaillée, plus elle vous sera utile lors de pannes d'inspiration!

Activités amusantes en famille

À l'intérieur	À l'extérieur

Faire des activités amusantes en famille pourrait avoir des impacts positifs non seulement sur vos enfants, mais sur vous aussi! En effet, jouer régulièrement avec les enfants et rechercher le plaisir pourraient vous protéger contre les risques de développer une humeur dépressive. Cela vous force à réaliser que, malgré une rupture difficile, il est encore possible de rire et de s'amuser... et les enfants sont habituellement très doués pour vous le rappeler!

Le piège du « Papa de fin de semaine »

Si vous avez la garde complète de vos enfants et que l'autre parent les voit une fin de semaine sur deux, vous amuser régulièrement avec vos enfants vous permettra d'éviter de tomber dans ce que j'appelle « le piège du papa de fin de semaine ». Je m'explique : de nombreuses mères chefs d'une famille monoparentale m'ont déjà écrit pour me dire que, parce que leur ex ne voit les enfants qu'un week-end sur deux, il s'organise pour que les moments de visite des enfants soient de véritables fêtes! Ils vont dans les parcs d'amusement (La Ronde, par exemple), regardent des films en mangeant du *pop corn* et en buvant des boissons gazeuses jusqu'à des heures tardives... et il y a peu ou pas de discipline.

J'explique souvent à ces mères que cette attitude du père est compréhensible. Parce qu'il voit peu ses enfants, il désire que le temps qu'il passe avec eux soit du temps de qualité, sans conflit. En fait, c'est la façon dont plusieurs papas de fin de semaine tentent de maintenir une bonne relation avec leurs enfants. À défaut d'avoir une grande quantité de temps avec eux, ils misent sur la qualité! Malheureusement, comme les mères qui ont la garde des enfants doivent faire la discipline, elles ont parfois l'impression qu'à leurs yeux, elles sont le parent « plate » tandis que le père est le parent « *cool* ». Il est donc d'autant plus important pour le parent qui a la garde complète (souvent les mères) de sortir régulièrement du rôle de « parent-police » pour avoir du plaisir avec les enfants. Souvent, ces moments de plaisir en famille auront lieu la fin de semaine. Ainsi, si vous prenez le temps, au moins une fois la fin de semaine, de faire une activité familiale amusante, au lieu de faire la différence entre un « papa *cool* » et une « maman plate », les enfants feront la différence entre « La fin de semaine *cool* » et « La semaine un peu moins *cool* »

Accorder de l'attention exclusive à chacun

En plus de l'activité familiale hebdomadaire, il est important pour la relation parent/enfant d'accorder un moment d'attention exclusive à chacun de vos enfants. Cela signifie un moment seul à seul avec chacun. Normalement, ces moments d'attention exclusive devraient avoir lieu sur une base quotidienne, et ce, pour chaque enfant. Rassurez-vous! Un moment d'attention d'environ 15 minutes par enfant suffit. Donc, si vous avez deux enfants, cela signifie une petite demi-heure de votre temps chaque jour. Même si cela peut vous paraître beaucoup, dites-vous que cela peut représenter en fait une économie de temps.

En effet, lorsque les enfants n'ont pas eu leur « dose » d'attention exclusive de leur parent, ils peuvent se montrer moins collaborateurs dans les différentes routines de la journée. À titre d'exemple, j'ai vu beaucoup de parents qui se plaignaient que leur enfant « étirait » la routine du dodo, parfois pendant plus d'une heure. Ce type de problème se règle souvent lorsque le parent accorde quotidiennement une période d'attention exclusive à son enfant, le plus souvent en soirée, quelque part entre le souper et l'heure du bain.

Pour rendre ces moments d'attention exclusive plus efficaces dans le maintien ou l'amélioration de votre relation avec vos enfants, certains points doivent être respectés :

- le but est de donner de l'attention positive à l'enfant... il doit ressentir que pas mal tout ce qu'il fait est bien, qu'il ne fait rien de mal;
- le parent doit éviter d'être en compétition avec l'enfant, de tenter de gagner, de critiquer ouvertement, de poser des questions d'un ton critique (ex. : « Pourquoi fais-tu ça? »), d'enseigner, de donner des ordres ou de faire la morale;
- le parent doit avoir une attitude positive, chaleureuse et bienveillante... L'enfant ne devrait surtout pas percevoir que son parent voit cette période comme une tâche à accomplir;
- c'est l'enfant qui dirige le jeu, et non le parent. Donc, si vous jouez avec des figurines et que votre enfant vous demande de jouer le rôle du « méchant », vous devez tout simplement accepter.

Cinq façons de favoriser l'estime de soi de l'enfant et la relation parent/enfant durant le jeu

- **Louanger et valoriser l'enfant** en complimentant ses actions, ses réalisations ou ses qualités personnelles (ex. : « Tu es très bon pour colorier à l'intérieur des lignes »).

- **Refléter** les dires de l'enfant, en répétant en vos propres mots ses verbalisations (ex. : Si l'enfant dit : « Le dinosaure va se cacher pour la nuit », vous dites « Oh! Je comprends, durant la nuit, ton dinosaure va se cacher »).

- **Imiter l'enfant** (ex. : si l'enfant dessine un soleil, vous dessinez un soleil vous aussi).

- **Décrire** ce que l'enfant fait (ex. : « Tu changes les souliers de la princesse »).

- Être **enthousiaste** et démontrer, par votre langage non verbal, votre intérêt envers l'enfant et envers ce qu'il fait (ex. : mettre beaucoup d'intonation dans la voix, garder le contact visuel avec l'enfant, lui sourire).

Nul besoin d'avoir fait un doctorat en psychologie pour arriver à jouer adéquatement avec son enfant! En fait, de nombreux parents adoptent instinctivement les attitudes décrites dans l'encadré dans leurs périodes de jeux avec leurs enfants. Si toutefois ce n'est pas si naturel pour vous, peut-être qu'il vaudrait tout de même la peine de faire un petit effort pour apprendre... En effet, des études effectuées auprès de familles abusives ou dysfonctionnelles ont prouvé que le simple fait d'adopter ces cinq attitudes parentales durant le jeu avec son enfant peut avoir les impacts positifs suivants (Hershell & McNeil, 2007) :

- favorise la qualité de la relation parent-enfant (ce qui est précisément le but de cette section du livre!);
- favorise le développement et le maintien de bons comportements chez l'enfant (partage, altruisme...);
- favorise l'estime de soi de l'enfant (et voilà pour la protection contre les impacts négatifs de la séparation parentale!);
- permet de démontrer à l'enfant qu'on s'intéresse à lui;
- permet à l'enfant d'avoir un sentiment de contrôle sur sa vie (ce qu'il a pu avoir perdu légèrement, avec le sentiment d'impuissance qu'il a pu ressentir par rapport à la séparation de ses parents et des conséquences qu'elle a sur sa vie);
- favorise l'apprentissage de concepts chez les plus jeunes (quand le parent décrit ce qu'il fait, il lui apprend des concepts comme « plus », « moins », « en haut », « dessus »...);
- permet de maintenir l'attention de l'enfant sur le jeu.

Il est donc évident que les moments d'attention exclusive que vous accorderez à vos enfants seront bénéfiques pour eux. Et, comme pour la période d'activité amusante en famille, le moment seul à seul pourrait aussi avoir des effets bénéfiques sur vous-même! Il n'y a parfois rien de mieux que de s'évader dans le monde imaginaire de nos enfants pour oublier momentanément nos tracas... c'est de l'hygiène mentale!

Prendre vos enfants en flagrant délit de... bon comportement!

À la suite d'une séparation, le stress et le manque de temps peuvent sournoisement vous amener à vous concentrer sur les comportements négatifs de vos enfants, ce qui peut miner votre relation avec eux et leur estime de soi. Même les parents qui vivent ensemble on tendance à punir les mauvais comportements des enfants plutôt que de renforcer et de valoriser leurs bons comportements.

Pensez-y... il est impossible que votre enfant n'ait aucune qualité, et qu'il ne fasse jamais de bonnes actions! Valoriser les qualités et les bonnes actions de votre enfant en les verbalisant, en le louangeant ou en lui manifestant votre affection physiquement (ex. : par un câlin) ne prend que quelques secondes de votre temps et favorisera la qualité de votre relation avec lui. De plus, il sera ainsi encouragé à manifester de plus en plus de comportements positifs... ce qui peut faciliter grandement le quotidien de toute la famille!

Afin de vous aider à souligner plus fréquemment les qualités et les bonnes actions de votre enfant, vous pouvez en dresser une liste à la page suivante. Ainsi, vous les aurez plus facilement en tête et vous serez plus vigilant dans votre observation de leurs bons coups!

Aide-mémoire pour valoriser mes enfants

Nom de l'enfant	Qualités générales	Bonnes actions récentes

Écouter et communiquer de façon régulière

Dans le chapitre 3, vous avez appris comment annoncer votre séparation à vos enfants. Il a de même été question de la façon de communiquer avec eux après cette annonce, puisque les enfants peuvent poser beaucoup de questions et vivre des émotions différentes dans les semaines qui suivent cette annonce.

En fait, pour favoriser la qualité de votre relation avec vos enfants, il est utile d'améliorer, de façon générale, votre capacité d'écoute active. Plus vous améliorerez vos habiletés d'écoute, plus vos enfants vous feront confiance et vous confieront leurs émotions et leurs petits tracas. Le simple fait de pouvoir se confier aisément à un parent pourrait les soulager d'une grande détresse.

Petit truc de mon cru : j'ai souvent observé que, chez les enfants comme chez les ados, une des périodes de la journée les plus propices aux confidences est le moment de la routine avant le dodo. Normalement, cette routine implique un rapprochement entre le parent et l'enfant. C'est également le moment où, naturellement, l'enfant fera une sorte de bilan de sa journée. Nous-mêmes, les adultes sommes comme ça... c'est souvent sur l'oreiller que nous aurons nos conversations les plus intimes avec notre conjoint. C'est souvent en soirée que nous appelons les membres de notre famille ou nos amis pour donner de nos nouvelles.

C'est comme si l'état de calme qui précède le sommeil facilite l'introspection nécessaire pour réfléchir à notre journée ou à notre vie. Bien sûr, les ados ne voudront pas d'une routine pré-dodo qui comporte une petite histoire! Mais, si vous prenez le temps d'aller faire un petit tour dans leur chambre pour leur souhaiter bonne nuit lorsqu'ils viennent de se coucher, vous pourriez être surpris de l'ouverture au dialogue qu'ils pourraient alors vous manifester, et ce, même si en revenant de l'école, lorsque vous leur avez demandé ce qu'ils ont appris ou comment s'est passé leur journée, vous n'avez obtenu qu'un grognement accompagné d'un haussement d'épaules! Évidemment, il y a des exceptions, et certains enfants se confieront au beau milieu de la journée ou s'endormiront le soir sans avoir pris le temps de discuter avec vous.

Ce petit truc du rapprochement avant le dodo peut être utile, mais encore faut-il savoir comment ouvrir vos oreilles et démontrer à votre enfant que vous l'écoutez attentivement...

Les habiletés d'écoute

1. **Vous poser la question suivante** : Présentement, ai-je le temps, l'énergie et la capacité d'appliquer les cinq principes de l'écoute suivants?

   a. **Ouvrir les oreilles :** cela signifie de mettre ce que vous faites de côté, pour être totalement attentif à ce que votre enfant a à vous dire. Certains diraient « être tout ouïe ».

   b. **Utiliser le langage corporel :** cela signifie de montrer des signes que vous écoutez attentivement... Par exemple vous mettre au niveau de l'enfant (ex. : à genoux pour être à sa hauteur), lui faire face, le regarder dans les yeux...

   c. **Poser des questions ouvertes :** les questions ouvertes sont celles par lesquelles l'enfant ne peut répondre ni oui ni non. Elles commencent souvent par « Comment me décrirais-tu... »...

   d. **Utiliser des tics de psy :** dire « Mmm-Hmm », hocher la tête, dire « Oui », « Ok »...

   e. **Encourager à en dire plus :** demander à l'enfant « Peux-tu m'en dire plus? », « Que s'est-il passé ensuite? »

   Si votre réponse à la question est « oui », vous écoutez l'enfant en appliquant ces principes, si la réponse est « non », dites à l'enfant à quel moment vous serez disponible pour vraiment prendre le temps d'écouter ce qu'il a à vous dire.

2. **Réfléchir avant de répondre**

   Quand un enfant se confie, plusieurs parents ont tendance à se précipiter dans la suggestion de solutions toutes faites de type «Tu as juste à faire ceci ou cela... ».

   Il est évident que, du haut de votre vingtaine, trentaine ou quarantaine d'années de vie, vous avez beaucoup de facilité à trouver des solutions aux petits problèmes de votre enfant de 5, 10 ou 15 ans! Mais lorsque vous répondez ainsi à votre enfant, il se peut qu'il ne se sente pas vraiment écouté, un peu comme si vous donniez votre réponse pour vous débarrasser. En précipitant votre réponse, vous avez pu couper la parole à votre enfant sans avoir pris le temps de comprendre tous les détails de ce qu'il veut vous expliquer et vous risquez de le frustrer en lui donnant un conseil dont il n'a pas nécessairement besoin. Premièrement, il veut peut-être seulement se sentir compris. Deuxièmement, il aurait peut-être pu trouver lui-même sa solution avec quelques-uns de vos encouragements, ce qui aurait eu pour effet d'augmenter sa capacité de résolution de problème et son estime de soi. En lui donnant une réponse toute faite, vous le privez de tout ça!

3. **Résumer et refléter**

   Quand l'enfant a terminé de parler et que vous sentez qu'il est allé au bout de son message, démontrez-lui que vous avez écouté en résumant dans vos propres mots ce qu'il vient de vous dire... Commencez en disant « Si je comprends bien, tu... », et terminez en disant «Est-ce que j'ai bien compris? »

   Ensuite, tentez d'interpréter les émotions qui se cachent dans le message de l'enfant. Pour y arriver, essayez de vous mettre à sa place et utilisez votre intuition. Vous pouvez dire des choses comme « Tu as du te sentir en colère... est-ce que je me trompe? ». Laissez votre enfant vous corriger si vous vous trompez... lui seul sait comment il se sent et vous n'êtes pas dans sa tête! Mais le fait de nommer comment vous pensez qu'il se sent peut l'aider à nommer lui-même ses émotions.

Parfois, écouter ne sera pas suffisant, et votre enfant aura véritablement besoin d'être guidé dans une résolution de problème. Dans ce cas, avant de l'aider, il faut tout de même vous assurer de l'avoir écouté jusqu'au bout. Puis, vous pouvez ensuite l'encourager à générer ses propres solutions.

Cela peut même être amusant, surtout si vous lui suggérez de dire tout ce qui lui passe par la tête, même les idées les plus folles... cela favorisera le développement de sa créativité! Évidemment, si votre enfant a des difficultés à trouver des solutions, c'est à ce moment précis que vous pourrez alors lui en suggérer et le faire profiter pleinement de toute votre sagesse…

Améliorer l'encadrement et la discipline

Après une séparation, encadrer les enfants peut être difficile et vous demander un temps d'adaptation... Au fond, il manque la moitié de l'équipe avec qui vous accomplissiez cette tâche auparavant : votre ex! De plus, nous avons déjà discuté de la possibilité qu'un cercle vicieux s'installe dans votre relation avec vos enfants après une séparation. Ce même cercle vicieux peut affecter votre façon de les encadrer. Certains parents peuvent devenir plus permissifs, ne se sentant pas l'énergie de superviser et de donner des conséquences aux mauvais comportements. D'autres parents, pour compenser l'absence de l'autre parent, pourraient avoir tendance à adopter un style militaire, sans laisser aucune marge d'erreur à leurs enfants.

Pour vous informer en détail sur les bons moyens d'encadrer efficacement un enfant, tout en préservant la qualité de votre relation avec lui, je vous recommande de lire mon livre qui portait sur la question (Volume 1 de cette même collection, *Ah non, pas une crise!*).

Mais ne pensez pas que je vais vous laisser sur votre faim, simplement parce que j'ai déjà écrit un livre sur le sujet! Après une séparation parentale, vos enfants ont besoin que vous adoptiez un style de discipline juste, ferme et constant, avec des attentes réalistes et des conséquences raisonnables. Voici donc des façons d'améliorer votre style d'encadrement... s'il y a lieu, bien sûr!

Bien définir les limites et les attentes

Pour que vos enfants respectent vos limites et vos attentes, celles-ci doivent être claires. Comment pourriez-vous respecter le code de la sécurité routière si ce code n'était pas écrit et s'il n'y avait aucun panneau de signalisation?

Une des premières étapes à suivre pour améliorer votre style d'encadrement est de définir des limites et attentes claires d'abord pour vous-même (certains parents ont des difficultés à me nommer leurs limites et leurs attentes lorsque je leur demande), et ensuite pour vos enfants.

Écrire vos attentes peut vous aider à les ajuster de façon qu'elles soient réalistes pour le niveau de développement de vos enfants, et à les garder toujours en tête afin de les faire respecter avec constance.

Vous pouvez lister trois types de comportements: ceux que vous voulez maintenir ou voir apparaître chez vos enfants (les comportements souhaitables), ceux que vous pouvez tolérer (qui ne sont ni très bons, ni très mauvais), et ceux que vous voulez limiter (les mauvais comportements).

Faites la liste de ces trois types de comportements, en prenant le temps de trouver des exemples concrets pour chacun (ex. : un exemple de comportement impoli est lorsque mon enfant répète ce que je dis en grimaçant).

Sur des feuilles séparées, vous pouvez refaire ce tableau pour chacun de vos enfants et le recommencer lorsqu'ils changent de niveau de développement. Pour chacun des comportements que vous énumérez, demandez-vous si votre attente est réaliste par rapport à l'âge de votre enfant.

Comportements souhaitables		Comportements tolérables (permissions)		Comportements indésirables	
Comportement	exemples	Comportement	exemples	Comportement	exemples

Réagir aux mauvais comportements et à la désobéissance

Lorsqu'un enfant ne respecte pas vos limites, ou vous désobéit, rien ne sert de vous mettre en colère ou de lui crier par la tête. Vous devez tout simplement réfléchir à la conséquence que vous appliquerez pour qu'il apprenne où se situent vos limites et, surtout, apprenne à les respecter. Voici donc une liste de conséquences possibles, de la plus légère à la plus sévère. Pour un comportement chez votre enfant que vous voulez modifier, je vous suggère de choisir la plus légère parmi celles qui, selon votre connaissance de votre enfant, pourra fonctionner.

- *Ignorer le mauvais comportement :* cela s'applique surtout lorsque l'enfant recherche l'attention en adoptant un comportement que vous pouvez tolérer. Par exemple, l'enfant chigne parce que vous ne lui avez pas donné le biscuit qu'il vous a demandé cinq minutes avant l'heure du souper. Si la crise est trop intense pour être ignorée totalement, vous pouvez utiliser le retrait (sur une chaise, dans la chambre ou dans un coin). La durée du retrait doit être le même que celle de la crise, et dès que l'enfant se calme, réconciliez-vous avec lui.
- *Augmenter la supervision :* par exemple, si un enfant a fait une bêtise entre le moment où il arrive de l'école et le moment où vous arrivez du travail, vous pourriez commencer par l'appeler à quelques reprises durant cette période pour assurer une plus grande supervision à distance, jusqu'à ce que vous puissiez regagner confiance.
- *Ne pas écoper :* si votre enfant n'arrive pas au moment demandé pour souper, commencez à souper sans lui.
- *Pratiquer la responsabilisation-réparation :* si un enfant perd ou brise un objet parce qu'il a refusé d'observer vos recommandations, il devra le remplacer (en tout ou en partie) avec son argent de poche. S'il ne respecte pas une de vos attentes, la conséquence pourrait être de vous rendre un service spécial. Ce type de conséquence a pour avantage de réorienter l'enfant vers un bon comportement, ce qui lui permet à la fois de se responsabiliser et d'être ensuite valorisé pour son effort.
- *Retirer un privilège :* vous pouvez par exemple limiter le temps d'ordinateur ou de jeux vidéo.

Évidemment, lorsque l'on regroupe toutes ces formes de conséquences en une page, cela peut sembler dur et sévère... mais le but n'est pas d'utiliser toutes ces options pour un seul mauvais comportement chez votre enfant. Le but est de connaître les options qui s'offrent à vous de manière à choisir celle qui semble la plus juste et la plus raisonnable en fonction de la gravité du mauvais comportement.

Il ne faut pas oublier qu'il est encore plus important de renforcer les bons comportements que de donner des conséquences aux mauvais comportements... Rappelez-vous de la section « *Prendre vos enfants en flagrant délit de... bon comportement!* ».

Le renforcement positif est une stratégie d'éducation positive qui aidera votre enfant à mieux comprendre vos attentes. Et surtout, ne vous attendez pas à ce que vos enfants sachent intuitivement quelles sont vos attentes et comment bien se comporter. Pour qu'ils apprennent de bons comportements, vous devez leur apprendre... Ce n'est pas inné!

Favoriser les contacts avec l'autre parent

Nous avons discuté dans le chapitre 5 des impacts de priver des enfants des contacts avec l'un de leurs parents. Pour résumer le tout, lorsqu'un parent fait obstacle aux contacts avec l'autre parent, cela peut :

- entraîner des sentiments de perte, d'impuissance et d'abandon chez les enfants;
- entraîner un désengagement chez ce parent ou augmenter le niveau de conflit entre les deux parents;
- peut faire sentir aux enfants qu'ils n'ont pas le droit d'aimer leurs deux parents;
- faire perdre un modèle aux enfants (masculin ou féminin, selon le cas).

Nous avons également discuté des situations où les enfants ne peuvent voir régulièrement le parent non-gardien pour des raisons qui échappent au contrôle du parent... distance géographique, troubles psychologiques ou du comportement chez le parent qui n'a pas la garde pouvant compromettre la sécurité et le développement des enfants, désengagement du parent.

Malheureusement, que ce soit par colère contre l'autre parent ou par attitude de surprotection de l'enfant, certains parents gardiens feront volontairement obstacle aux contacts avec l'autre parent.

Dans ce cas, les enfants souffriront à la fois de l'absence de contact avec leur autre parent, et à la fois des « fausses » raisons qui amènent le parent gardien à faire obstacle à ces contacts.

En effet, nous savons que l'absence de contact avec un parent peut amener des problèmes de comportement, de la dépression ou une perte d'estime de soi chez les enfants. Mais si ceux-ci ne voient pas leur parent à cause de la colère de l'autre parent, cette colère les blessera également (ex. : si le père gardien parle ouvertement de sa colère contre la mère à ses enfants, en plus de faire obstacle aux contacts entre eux).

Si les enfants ne voient pas leur parent à cause d'une attitude de surprotection de l'autre parent, l'attitude de surprotection elle-même, en plus de l'absence de contact avec l'autre parent, pourrait nuire à leur développement. Habituellement, une attitude de surprotection peut causer de l'insécu-rité et de l'anxiété chez les enfants qui, par les comportements protecteurs du parent, finiront par croire que le monde extérieur est dangereux et qu'ils ne sont pas assez compétents ou autonomes pour l'affronter. À titre d'exemple, une mère surprotectrice pourrait faire obstacle aux contacts entre l'enfant et son père par crainte que le père ne respecte pas la routine de l'enfant à la lettre. Si l'anxiété surprotectrice de la mère est assez forte pour faire obstacle aux contacts avec le père, elle se répercutera probablement sur d'autres sphères de la vie de l'enfant... par exemple, ne pas laisser son enfant jouer au parc avec ses amis, par crainte qu'il se blesse et que personne ne s'en rende compte.

Si vous vous reconnaissez dans ces attitudes d'hésitation ou de refus à laisser vos enfants voir leur autre parent, réfléchissez bien aux impacts que cela pourrait avoir sur eux. Pensez au fait qu'il n'existe pas de parent parfait, et que vos enfants devraient avoir le droit de voir et d'aimer leurs DEUX parents. Vous pouvez avoir d'excellentes raisons de refuser ou d'hésiter à laisser vos enfants voir leur autre parent. Mais si vous êtes très en colère contre votre ex, ou si vous avez tendance à être anxieux et parent-poule, il se peut que ce soit vos émotions qui influencent votre décision et que vos enfants en souffrent pour rien.

Si vous manquez de confiance envers l'autre parent, sachez qu'il existe des services de contacts supervisés entre parents et enfants. Une personne neutre assiste et observe les contacts entre les enfants et leur parent et rédige un court rapport après chaque visite. Cela pourrait permettre soit de valider vos craintes (dans ce cas, vous saurez que la décision d'empêcher les contacts parent-enfants sera prise de façon rationnelle et non émotive), soit de vous mettre plus en confiance afin de vous permettre de laisser vos enfants voir de plus en plus leur autre parent avec de moins en moins de supervision. Parfois, c'est la Cour qui ordonne ce genre de contacts supervisés.

Plus vous serez confiant et à l'aise par rapport aux contacts entre vos enfants et leur autre parent, plus vos enfants pourront pleinement profiter de ces contacts. Vous leur éviterez ainsi beaucoup de souffrance inutile.

Être chef d'une famille monoparentale est un rôle parfois très demandant et difficile qui demande beaucoup d'adaptation. Par conséquent, les moments où vos enfants se rendent chez leur autre parent peuvent être bénéfiques pour vous aussi. Il peut s'agir d'un temps où vous pensez à vous, où vous vous ressourcez, vous prenez un répit ou faites des activités que vous ne pouvez pas faire lorsque vos enfants sont à la maison. Dites-vous que plusieurs parents de familles intactes me disent souvent qu'ils aimeraient bien, eux aussi, avoir la garde partagée pour avoir un peu de répit!

Bref, si c'est possible, tentez de favoriser le plus possible les contacts entre vos enfants et l'autre parent. Ce n'est pas parce que vous avez décidé de rompre avec cette personne que ce doit être le cas pour eux.

Cela peut être difficile lors des premiers mois qui suivent la séparation, mais après une certaine période d'adaptation, vous pourriez vous sentir de plus en plus à l'aise avec ces contacts, surtout si vous percevez le bien-être qu'ils apportent à vos enfants, et le fait qu'ils représentent la possibilité pour vous de prendre un peu de répit et, qui sait, peut-être éventuellement d'en profiter pour faire quelques sorties... et refaire votre vie?

Protéger les enfants des facteurs négatifs de la séparation

Comme il a déjà été mentionné, ce n'est pas nécessairement la séparation parentale qui a le plus d'impact sur l'adaptation des enfants, mais bien les situations ou les évènements en lien avec cette séparation. Entre autres, le stress que les parents peuvent ressentir pendant et après la transition familiale peut affecter les enfants, qui perçoivent facilement les émotions de leurs parents (sans nécessairement pouvoir les nommer ou les comprendre). Aussi, la séparation entraîne souvent de multiples changements dans la vie de la famille, ce qui peut créer une certaine instabilité à laquelle les enfants pourraient mal réagir. Enfin, je ne le répéterai jamais assez, les conflits entre les parents, qu'ils aient lieu avant, pendant ou après la séparation, sont extrêmement nocifs au développement et au bien-être psychologique des enfants.

Dans cette section du chapitre, vous apprendrez certaines stratégies afin de protéger vos enfants de ces trois facteurs négatifs entourant la séparation parentale.

Stress parental

Vivre une séparation fait partie des facteurs les plus stressants de la vie adulte... tout comme le deuil d'un être cher, la maladie et la perte d'un emploi. Même si vous savez que votre future séparation sera salutaire parce qu'elle vous permettra de sortir d'une relation malsaine pour vous, les changements qui en découleront mettront tout de même votre capacité d'adaptation à l'épreuve, car vous vivrez de multiples changements de rôles.

De personne mariée ou en union libre, vous deviendrez une personne divorcée ou séparée. D'un rôle de parent de famille intacte, vous deviendrez parent d'une famille monoparentale. D'une personne qui pourvoyait à la moitié des dépenses familiales, vous serez maintenant une personne qui subviendra à la totalité des dépenses de votre foyer. D'une personne qui vivait (possiblement) dans une maison unifamiliale, vous deviendrez peut-être locataire d'un appartement.

Selon votre niveau de résistance au stress, ces changements vous feront vivre diverses émotions à différents niveaux d'intensité... en plus des émotions reliées plus directement à la fin de votre relation avec votre ex. Ces émotions, si elles sont assez intenses et négatives, pourraient causer de la détresse chez vos enfants, dont vous êtes la principale figure de sécurité. Si vous représentez leurs fondations, le fait de vous voir déprimé, angoissé ou enragé peut signifier pour eux qu'il y a des grosses fissures dans leurs fondations!

Tel que mentionné précédemment, ces émotions et ce stress pourraient également avoir une influence sur votre relation avec eux et votre façon de les encadrer. Il peut donc être important d'appliquer certaines techniques de gestion du stress et des émotions.

La gestion du stress à elle seule peut faire l'objet d'un livre! Il en existe d'ailleurs plusieurs sur le sujet. Vous en procurer un pourrait être une bonne idée, si vous vous sentez particulièrement stressé par la situation. Voici tout de même quelques suggestions qui pourraient faire une grande différence dans votre approche au stress :

- *Vous entourer de vos proches :* un réseau social composé d'amis et de membres de la famille élargie peut faire une grande différence dans la façon dont vous allez traverser toutes les épreuves de votre vie, incluant votre séparation.

  Le fait de vous sentir aimé et soutenu par vos proches peut réellement vous permettre de vous adapter plus rapidement ou plus facilement à votre rupture et aux changements qu'elle apporte dans votre vie. Les membres de votre réseau social peuvent vous aider de différentes façons... De la simple épaule sur laquelle vous pouvez pleurer à la recherche de solutions aux différents problèmes que vous vivrez, en passant par le répit qu'ils peuvent vous offrir en gardant vos enfants à l'occasion, les services qu'ils peuvent vous rendre (ex. : vous aider à peindre votre nouvel appartement), le divertissement qu'ils peuvent vous proposer par différentes activités ou en vous faisant rire et surtout... l'écoute qu'ils peuvent vous apporter. Je vous ai déjà mis en garde contre les impacts négatifs de prendre vos enfants pour de petits confidents. Eh bien! vos amis et vos proches d'âge adulte sont les bonnes personnes à qui confier vos problèmes et vos émotions difficiles. Vous confier à vos proches vous permettra de prendre du recul par rapport à votre situation, ce qui est nécessaire à la recherche de solutions. Certains d'entre eux vous suggéreront des solutions à vos problèmes... et même si vous n'êtes pas d'accord avec les solutions proposées, cela pourrait vous rappeler qu'il existe toujours des solutions!

- *Vous ressourcer (gestion du temps) :* il est possible que vous vous sentiez submergé par les tâches que vous devez maintenant accomplir seul. Il est important de vous fixer des objectifs réalistes dans la réalisation de ces tâches et de vous permettre régulièrement de vous ressourcer.

  Cela signifie prévoir une courte période de temps, chaque jour si possible, pour faire quelque chose pour vous, qui vous détend, vous valorise et vous fait du bien. Votre adaptation à votre nouvelle situation vous demande un surplus d'énergie, alors vous devez recharger vos piles! C'est une question de simple hygiène mentale.

  Dans notre société de performance, vous asseoir une vingtaine de minutes pour feuilleter une revue, vous laisser ratatiner dans un bon bain chaud à la lumière des chandelles ou vous amuser avec votre chien et sa balle peuvent sembler être de la perte de temps... En fait, vous faire du bien ainsi ne fera que vous rendre plus efficace lorsque vous retournerez à votre quotidien rempli de différentes tâches et vous aurez ainsi plus de chances de les faire dans la bonne humeur.

- *Savoir résoudre des problèmes :* chaque problème a sa solution... encore faut-il savoir comment trouver cette solution! Pour de nombreux problèmes de la vie quotidienne, trouver une solution est relativement simple et ne nécessite pas nécessairement une méthode élaborée pour y arriver. Mais lorsque vous êtes confronté à des problèmes un peu plus corsés, suivre les étapes suivantes peut être avantageux :
  - identifier la source du problème;
  - générer des solutions, toutes, mêmes les plus folles!;
  - peser les pour et les contre de chaque solution;
  - choisir la meilleure solution;
  - faire un plan : où, quand et comment appliquer concrètement la solution choisie;
  - appliquer la solution;
  - évaluer le résultat... si ça fonctionne, tant mieux, sinon, vous pouvez mettre à l'essai une autre des solutions parmi toutes celles que vous aviez déjà générées.

- *Relativiser :* lorsque l'on vit des émotions difficiles et intenses, on peut se questionner sur notre façon de percevoir la situation. Je m'explique... on croit souvent, à tort, que ce sont les situations que l'on vit qui causent nos émotions. Erreur! Si c'était le cas, comment alors expliquer que deux personnes vivant la même situation peuvent avoir des réactions complètement différentes? En fait, ce qui cause nos émotions, ce sont nos pensées, notre discours intérieur, la façon dont nous percevons les situations de notre quotidien.

Donc, lorsque vous vous sentez triste, déprimé, en colère ou inquiet, il est important d'identifier les pensées qui ont fait naître ces émotions en vous. Par exemple, si vous vous sentez tendu et inquiet, peut-être que c'est parce que vous venez de vous dire dans votre tête : « Et si je n'arrivais pas à payer tous mes comptes ce mois-ci? ». Une bonne façon de gérer votre tension et votre inquiétude est donc de vous questionner sur le réalisme et la validité de votre pensée, en vous posant les questions suivantes :

- Suis-je en train d'exagérer?
- Quelles sont les preuves qui confirment que ma pensée est vraie... Quelles sont les preuves qui pourraient m'indiquer qu'elle est fausse?
- Y a-t-il une autre façon de voir la situation?
- Que dirais-je à mon meilleur ami s'il pensait ainsi?
- Y a-t-il des solutions auxquelles je n'ai pas encore pensé?
- Et si le pire arrivait, comment pourrais-je m'en sortir?

Vous poser ces questions pourrait vous permettre d'adopter un discours intérieur plus réaliste, moins exagéré. Attention! Il ne s'agit pas de simplement remplacer vos pensées négatives par des pensées positives qui pourraient être tout aussi irréalistes (ex. : si je perds 5 kilos, peut-être que mon ex pourrait s'intéresser à moi et vouloir se réconcilier). Il s'agit de remettre en question vos perceptions, de cesser de prendre vos premières réflexions pour des vérités et de tenter d'adopter des pensées plus rationnelles, plus réalistes. Cette stratégie ne vous permettra pas de passer d'un état dépressif à un état d'euphorie! Mais elle pourra contribuer à diminuer l'intensité de votre tristesse et la rendre ainsi plus facile à gérer, à tolérer.

- *Consulter :* Même si les stratégies proposées sont habituellement très efficaces, il est possible que vous éprouviez des difficultés à les appliquer seul, selon votre niveau de détresse et d'énergie. Dans ce cas, il ne faut pas hésiter à chercher une aide professionnelle. Un suivi régulier avec un professionnel qui évaluera vos besoins spécifiques pourrait vous permettre d'obtenir des stratégies encore mieux adaptées à votre situation, et vous offrir le soutien nécessaire à l'application concrète d'une meilleure gestion de votre stress et de vos émotions. Tout le monde peut avoir besoin de consulter à un moment ou à un autre de sa vie, et la séparation parentale peut être une situation qui le nécessite pour certaines personnes. Et dites-vous que si vous allez mieux, vos enfants aussi iront mieux...

Instabilité

Plus la transition familiale impliquera des changements dans le quotidien des enfants, plus leur capacité d'adaptation sera mise à l'épreuve. En fait, l'instabilité peut avoir des conséquences négatives sur les comportements et le développement affectif des enfants. Donc, avant que la séparation définitive n'ait lieu, il peut être important d'identifier tous les changements qu'elle pourrait impliquer pour vos enfants afin de limiter au minimum l'importance de ces changements et de leur faciliter la vie.

Si vous devez déménager, tentez de limiter les changements que cela pourrait occasionner pour vos enfants... cela peut vouloir dire :
- trouver un endroit dans la même ville, afin qu'ils ne soient pas déracinés de leur milieu et de leur groupe d'amis. Leur vie à l'extérieur de la famille, leur réseau social, leur permet de se ressourcer et de se confier. Il ne faut pas oublier que les amis sont un levier pour l'estime de soi, et l'estime de soi est une bulle de protection contre les adversités de la vie;
- tenter d'éviter un changement d'école ou de garderie;
- tenter de trouver des solutions que le chien ou le chat reste dans la vie de vos enfants... Les animaux de compagnie ont peut-être plus d'importance à leurs yeux que vous ne le croyez, et le fait de les perdre ajoutera davantage au deuil de leur famille unie;
- permettre les contacts avec les membres de la famille élargie (tantes, oncles, cousins, grands-parents, etc.). Ils font partie de leur réseau social et ils ont aussi besoin de ce réseau.

Si cela semble beaucoup vous demander, dites-vous que j'ai déjà vu des parents acheter des maisons jumelées afin que les enfants puissent aisément aller d'un domicile à l'autre, au gré de leurs envies. Évidemment, il s'agissait de parents qui s'entendaient bien et qui acceptaient d'être proches voisins! J'ai vu également d'autres parents conserver la maison familiale et s'acheter chacun un petit condo. Les enfants vivaient en permanence dans la maison familiale où ils étaient nés, et ce sont les parents qui vivaient la garde partagée entre leurs deux domiciles!

Évidemment, il s'agissait encore de parents qui avaient une très belle relation de coparentalité et qui en plus, bénéficiaient de grandes ressources financières. Peut-être que ces exemples vous semblent exagérés et irréalistes, mais quand de tels modèles positifs existent, pourquoi se priver d'en faire part? Pourquoi se priver de s'en inspirer? Même si vous ne pouvez pas faire comme eux, savoir tout ce qu'ils ont fait pour le bien de leurs enfants peut faire paraître ma suggestion de déménager dans la même ville que votre ex comme étant beaucoup plus facile et raisonnable que lorsque vous l'avez lue pour la première fois!

L'important à retenir dans tout cela, c'est que plus vous limiterez les changements et favoriserez la stabilité dans la vie de vos enfants, plus aisément ils surmonteront les défis que représente la transition familiale.

Conflits parentaux

L'ai-je suffisamment déjà dit? Les conflits entre les parents sont destructeurs pour les enfants. Il est donc important de tenter de les protéger de cet autre facteur de stress qui accompagne souvent la séparation. Si vous êtes très en colère contre votre ex-conjoint, confiez vos états d'âme à vos proches afin de vous soulager et d'éviter que vos enfants soient trop souvent témoins de cette colère.

Limitez vos contacts avec l'autre parent au minimum tant que cette colère ne sera pas passée. Cela peut signifier de ne presque pas lui parler lors des transitions de garde. Aborder un sujet pourrait faire éclater un conflit devant vos enfants... ce qui est pire que la tension qu'ils peuvent ressentir lorsqu'ils voient que vous ne vous parlez pas. Tentez d'utiliser la technique de « relativiser » (gérer votre stress) afin de diminuer l'intensité de votre colère et si cela s'avère insuffisant, consultez un professionnel!

Encouragez-vous en vous disant que pour de nombreux couples séparés, la colère diminue quelques mois, ou deux à trois ans après la séparation, pour faire place à une nouvelle vie. Après cette période, il est habituellement plus facile de développer une relation cordiale, à défaut d'être amicale.

D'ici à ce que votre niveau de colère diminue, vous aurez tout de même à communiquer avec votre ex-conjoint afin de prendre des décisions communes qui concernent les enfants. Lorsque vous devez le faire, faites-le en l'absence des enfants. Faites-les garder et rencontrez-vous dans un endroit neutre pour discuter. Ainsi, si un conflit éclate, les enfants n'en seront pas témoins.

Sachez qu'en plus des services de médiation, certains professionnels offrent différents programmes d'amélioration de la relation de coparentalité. Si, tous les deux, vous avez à cœur le bien-être de vos enfants, une telle démarche commune avec un professionnel pourrait vous aider à résoudre vos conflits passés et actuels afin de mieux vous concentrer sur la négociation des décisions à prendre pour vos enfants.

Rappelez-vous également le besoin de stabilité de vos enfants... Pour mieux y répondre, vous devrez probablement communiquer régulièrement avec l'autre parent afin de favoriser des valeurs similaires et qu'une routine semblable soit respectée dans les deux foyers. Ce niveau de communication devra être d'autant plus élevé si vos enfants vivent dans un contexte de garde partagée une semaine/une semaine. Pour atteindre ces objectifs, vous devez arriver à mettre vos conflits d'ex-conjoints de côté pour vous concentrer sur les besoins de vos enfants.

Surtout, donnez-vous du temps... je vous ai donné plusieurs outils dans ce chapitre, mais parfois, même avec les meilleurs outils de psychologue, il faut du temps pour prendre une distance par rapport à la rupture, pour apprivoiser les changements qu'elle apporte à notre quotidien et pour finalement s'y adapter. Ne cherchez pas à être en mode « perfection » le lendemain du départ de votre conjoint.

Il y a une période NORMALE d'adaptation à vivre pour vous, votre ex-conjoint et vos enfants. Mais durant cette période, gardez en tête les besoins de vos enfants, entourez-vous de vos proches et prenez soin de vous! Maintenant que vous savez comment faciliter la période de transition familiale pour vos enfants, j'aimerais aborder un des aspects possibles de l'avenir de votre famille en transition... les familles recomposées. Ce sera donc le sujet du prochain chapitre.

CHAPITRE 7

Les familles recomposées

Dans ce chapitre, j'exposerai brièvement les défis que représente la famille recomposée. Sachez que ce sujet pourrait faire l'objet d'un livre en soi... mais je tiens tout de même à l'aborder dans le présent livre parce qu'il s'agit souvent de la suite logique d'une séparation parentale.

Quelques mois après une rupture, il est normal et même souhaitable d'envisager l'avenir avec optimisme... La vie ne s'arrête pas après une séparation. Cet optimisme peut impliquer l'idée de vouloir refaire sa vie. En fait, si vous faites une nouvelle rencontre, vous pourriez ressentir la même euphorie et les mêmes papillons dans le ventre que lors de vos fréquentations durant l'adolescence! Vous pourriez même redécouvrir l'existence de votre sexualité si elle s'était perdue durant vos quelques mois de vie sans partenaire amoureux. Cela peut être bon pour votre ego, surtout si vous avez vécu un sentiment de rejet après la séparation. Vous aurez l'occasion de vous dire : « Wow, je pogne encore! »

L'idée de vivre à nouveau en couple pourrait également susciter l'espoir d'obtenir à nouveau un soutien dans votre rôle de parent, et d'améliorer la situation financière de votre famille, puisque s'il y a cohabitation, il y a nécessairement un partage des coûts.

Il est important de mentionner qu'à la suite d'une séparation, certains parents devront rencontrer plusieurs personnes avant de finalement trouver LA personne avec qui refaire leur vie. J'aimerais ici vous mettre en garde de l'effet que peut avoir sur les enfants le fait de leur présenter chacune de vos conquêtes... Après de multiples attachements suivis de sentiments de perte et de déception, vos enfants pourraient en venir à ne plus vouloir s'attacher à vos conjoints, à leur manifester de l'indifférence. Cela pourrait également développer chez eux une perception que les relations amoureuses ne sont jamais stables, ce qui pourrait avoir un impact sur leurs propres futures relations amoureuses. Il vaut donc mieux garder vos essais-erreurs pour vous, et attendre qu'une relation vous semble s'orienter vers quelque chose de sérieux et stable avant de faire les présentations aux enfants.

La famille recomposée... source de stress?

Mais il faut demeurer réaliste et prudent dans ce projet, car bien que ce soit probablement positif à vos yeux, il s'agit encore une fois d'une transition familiale qui impliquera vos enfants et par rapport à laquelle ils n'ont pas beaucoup de pouvoir.

Je ne veux rien dramatiser, car plusieurs familles recomposées fonctionnent très bien, mais les statistiques indiquent tout de même que les deuxièmes unions sont moins durables que les premières, et ce, pour différentes raisons. Cela ne veut pas dire que la nouvelle relation que vous espérez tant est vouée à l'échec... mais les facteurs de risque d'une nouvelle séparation sont plus élevés. C'est normal... dans une famille recomposée, il y a beaucoup plus de gens qui doivent s'entendre que lorsque vous aviez commencé à cohabiter avec le parent de vos enfants! Et plus il y a de gens dans un groupe, plus le risque de conflit est élevé. C'est le même phénomène que lorsqu'il y a plus de voitures dans la circulation... il y a plus de risques de collision!

En fait, peut-être que l'idée de refaire votre vie est plus une source d'angoisse que d'enthousiasme et il est probable qu'en lisant ces lignes, une multitude de questions vous viennent en tête :
- Et si je me séparais à nouveau?
- Et si mes enfants n'aiment pas mon nouveau conjoint?

- Et si mon nouveau conjoint n'aime pas mes enfants?
- Et si une rivalité s'installe entre mon nouveau conjoint et mon ex (ce qui risque d'affecter la relation de coparentalité, parfois déjà fragile à la base)?
- Si mon nouveau conjoint a des enfants, comment les enfants s'entendront entre eux?
- Comment mes enfants ou ses enfants réagiront au fait que la famille s'élargit en termes de nombre d'enfants et qu'ils changent possiblement de rang (le plus vieux pourrait soudainement se retrouver l'enfant du milieu)?

Être à l'écoute de soi et de ses enfants... attendre d'être prêt et solide avant de se lancer dans de nouvelles transitions

Se poser toutes ces questions n'est pas mauvais, mais je vous suggère de commencer par rencontrer quelqu'un et de le fréquenter quelques mois avant de penser à la cohabitation.

Plus encore, je vous conseille d'attendre que vous et vos enfants soyez adaptés à la séparation parentale et ayez retrouvé une paix et une stabilité avant même de rencontrer quelqu'un. Trop de gens s'engagent rapidement dans une nouvelle relation pour combler le vide causé par une rupture sans avoir pris le temps de comprendre les causes, d'apprivoiser et de faire le deuil de cette rupture.

Vous avez toujours un pouvoir sur le rythme auquel les changements se feront, et un pouvoir de décision si vous réalisez que les choses ne se déroulent pas comme vous l'entendez. Mais pour prendre de bonnes décisions, il faut attendre d'être dans un état rationnel plutôt qu'émotif.

Parfois, l'arrivée d'un nouveau conjoint peut provoquer la reprise des conflits avec l'ex-conjoint, par jalousie ou par réflexe de surprotection de l'enfant. De plus, l'arrivée d'un beau-parent dans la vie des enfants peut signifier pour eux la perte de l'espoir d'une réconciliation entre leurs parents. Dans certains cas, l'enfant qui s'est rapproché beaucoup de son parent à la suite de la séparation peut percevoir un nouveau beau-parent comme un rival, comme quelqu'un qui le prive d'une partie de l'attention que lui donnait son parent avant la rencontre... Mais plus les changements qui mènent à la famille recomposée se font graduellement, plus vous mettez les chances de votre côté pour que tout se déroule paisiblement.

Les grandes étapes qui mènent à la famille recomposée

Si vous voulez respecter votre capacité d'adaptation et celle de vos enfants, voici, dans l'ordre chronologique, les étapes que vous pourriez vivre avant de cohabiter avec un nouveau conjoint et ses enfants, s'il y a lieu :

- la période d'adaptation à la séparation parentale (voir le chapitre précédent pour faciliter cette période);
- la période de fréquentation de conjoints potentiels sans que les enfants soient nécessairement au courant de la chose;
- lorsque les fréquentations se transforment peu à peu en une relation amoureuse exclusive, l'annonce de l'existence de cette relation aux enfants;
- la première rencontre entre le nouveau conjoint et les enfants (sans les enfants du conjoint) et votre rencontre avec les enfants de votre conjoint (sans vos enfants);
- la première rencontre des enfants entre eux, idéalement dans le cadre d'une activité familiale amusante;
- l'augmentation de la fréquence des contacts entre tout ce beau monde;
- la cohabitation.

L'ordre de ces étapes peut varier légèrement d'une famille recomposée à l'autre, mais, habituellement, lorsque les gens veulent procéder graduellement et laisser le temps à tout le monde de s'adapter, de s'apprivoiser, cet ordre sera relativement bien respecté.

Des difficultés pourraient survenir à chacune de ces étapes, alors il est important d'être honnête avec vous-même, de ne pas jouer à l'autruche et de tenter de régler les problèmes au fur et à mesure qu'ils surviennent, au lieu de foncer tête baissée et de les laisser s'accumuler.

Par exemple, si votre fils ne semble pas très enthousiaste lorsque vous lui présentez votre nouveau conjoint, cela peut être un indice qu'il faudra prendre votre temps avant de décider de cohabiter. Il faudra également vous assurer de communiquer avec votre fils, de le laisser exprimer ses émotions (à condition que ce soit fait dans le respect), de le comprendre et de réfléchir avec votre conjoint à des façons de favoriser le développement d'une belle relation entre eux.

Autre exemple, lorsque les enfants se rencontrent pour la première fois, chacun d'eux peut avoir des réactions différentes, certains se montrant enthousiastes à l'idée que la famille s'agrandit, et d'autres se montrant méfiants à l'idée que de possibles rivaux intègrent la famille. Encore une fois, seule une bonne communication avec vos enfants vous permettra de savoir comment ils se sentent et de les aider à gérer ces émotions pour mieux s'adapter aux autres changements qui viendront.

Tu n'est pas mon père !

Les nouveaux rôles de chacun

Lorsque vous commencerez à cohabiter, ce sera l'heure de vérité! Vous constaterez alors que chaque membre de la nouvelle famille recomposée vivra des changements de rôle auxquels il devra s'adapter.

Le rôle de beau-parent

Lors de la naissance de vos enfants, vous vous êtes adapté au rôle difficile de parent en même temps que l'autre parent de vos enfants. Ensuite, après la rupture, vous avez dû vous adapter au rôle de chef d'une famille monoparentale. Maintenant, vous devez vous adapter au subtil et délicat rôle de beau-parent si votre nouveau conjoint a des enfants.

Il peut être difficile d'évaluer quelles doses d'attention, d'affection et de discipline vous offrirez aux enfants d'un autre. Les indices sur lesquels vous devrez vous baser seront les connaissances que votre conjoint a de ses propres enfants (encore faut-il qu'il vous les communique), et l'observation que vous ferez des réactions de ses enfants à vos différentes attitudes à leur égard.

Une chose est certaine, il est important de respecter le rythme d'adaptation de ces enfants, de vous entendre avec votre conjoint sur votre rôle de beau-parent, et de vous faire respecter... même si vous n'êtes pas leur parent biologique! En effet, plusieurs beaux-parents ne savent pas comment réagir lorsqu'un enfant leur dit « T'es même pas mon parent! ». La meilleure suggestion que je peux vous faire à cet effet, c'est de faire comprendre à cet enfant que ses enseignants et ses *coachs* ne sont pas ses parents non plus, et que pourtant, il doit tout de même respecter leurs consignes!

Il en est de même avec le rôle de beau-parent de votre conjoint. Il est important de communiquer régulièrement avec lui ou elle sur ce que vous connaissez de vos enfants, sur vos valeurs en termes d'éducation et sur vos attentes par rapport à son rôle de beau-parent.

La cohérence entre vos attentes envers les enfants, dans les consignes que vous leur donnerez, dans les limites que vous leur imposerez, est tout aussi importante que lorsque vous étiez le parent d'une famille intacte. Les enfants doivent sentir que vous vous soutenez mutuellement dans votre rôle d'autorité envers eux. Par contre, tout comme un parent, le beau-parent ne doit pas oublier le besoin d'attention, d'affection et de jeux des enfants de leur conjoint. Ne devenez surtout pas un beau-père ou une belle-mère marâtre comme dans *Aurore, l'enfant martyr*!

Je vous dirais même qu'au début de votre relation avec les enfants de votre conjoint, vous devriez vous concentrer sur le fait de leur donner de l'attention positive et d'avoir du plaisir avec eux... votre rôle d'autorité auprès d'eux se limitant probablement simplement à faire respecter les consignes de leur parent (votre conjoint), à la manière d'un exécutant et non d'un preneur de décision. Plus l'attachement et la confiance entre vous et eux seront établis, plus vous pourrez assumer un peu plus de façon autonome votre rôle d'autorité auprès d'eux, sans toutefois vous impliquer trop dans les grandes décisions entourant leur éducation telles que le choix d'un camp de vacances ou d'une école secondaire. Bien que vous puissiez donner votre opinion à votre conjoint à cet égard, c'est à votre conjoint et à son ex que revient la décision finale.

Le rôle de vos enfants
Vos enfants aussi changent de rôle lors d'une recomposition familiale, et il ne faut pas oublier ce détail! Surtout que, contrairement à vous, eux n'ont pas choisi de vivre ces changements.

Ils deviennent des « beaux-enfants », un nouveau rôle pour eux. Un enfant unique peut soudainement devenir un enfant parmi d'autres dans sa nouvelle famille recomposée. Un aîné ou un cadet peut soudainement devenir l'enfant du milieu si votre conjoint a des enfants plus vieux ou plus jeunes. Pour un « bébé » de famille, adopter soudainement le rôle de « grand frère » d'un autre enfant peut être assez difficile... surtout si on lui demande d'être raisonnable, d'être patient et compréhensif envers le plus jeune, alors qu'il a toujours été habitué à ce que l'on dise cela à son grand frère ou à sa grande sœur pour le protéger lui-même!

Vos enfants doivent également s'adapter au style d'autorité d'un nouvel adulte dans leur vie. Il y a peut-être même déjà beaucoup d'adultes dans leur vie qui ont une autorité sur eux... les éducateurs, les enseignants, les *coachs*, les grands-parents, l'autre beau-parent (si votre ex a rencontré quelqu'un)...

Si votre conjoint tente d'être cohérent avec votre façon de faire, leur adaptation en sera facilitée, mais cette cohérence pourrait n'être au point qu'après une certaine période de cohabitation. Il faut donc être vigilant dans l'observation des réactions de vos enfants et être à leur écoute. Plus ils sentiront qu'ils peuvent s'exprimer et que vous les écoutez, plus il leur sera facile d'accepter les essais-erreurs de votre conjoint dans l'apprentissage de son nouveau rôle de beau-parent (il en est de même pour les enfants de votre conjoint et votre rôle de beau-parent).

Si vous décidez d'avoir un autre enfant avec votre nouveau conjoint, les enfants pourraient accueillir cette nouvelle avec enthousiasme, ou encore avec colère ou angoisse. Tout dépend de leur niveau d'adaptation à la nouvelle famille lorsque vous leur annoncerez. S'ils éprouvent encore des difficultés d'adaptation à la famille recomposée, ils pourraient se sentir drôlement bousculés par la nouvelle d'une grossesse.

Dans certains cas, des enfants plus vieux pourraient même avoir la perception que leur parent, par le désir d'un enfant issu d'une nouvelle union, tente de « réparer » ce qu'il a échoué dans le passé. Par conséquent, ils pourraient sentir que le trio composé des nouveaux conjoints et du nouveau bébé est la famille « réussie », et qu'eux font partie d'une famille en échec. Rassurez-vous... ce ne sont vraiment pas tous les enfants qui développent cette perception. Beaucoup d'entre eux seront ravis et valorisés par leur futur rôle de grand frère ou de grande sœur. Mais il est important de garder cette possibilité en tête, d'avoir l'œil ouvert et de conserver une communication ouverte avec eux.

Le rôle de votre ex

Bien qu'il ne fasse pas partie de votre famille recomposée et que votre nouvelle vie amoureuse ne le concerne pas vraiment, les changements que vous vivez peuvent également demander une certaine période d'adaptation à votre ex. En effet, il ou elle devra accepter avec impuissance l'arrivée d'un nouvel adulte étranger dans la vie de ses enfants.

Le fait que vos enfants lui parlent de votre nouveau conjoint avec enthousiasme pourrait le rassurer, mais peut-être pas non plus. La nouvelle transition familiale que vous vous apprêtez à vivre pourrait faire remonter de vieux conflits à la surface dans votre relation avec votre ex. C'est la raison pour laquelle j'ai précédemment recommandé que vous soyez arrivés à un bon niveau d'adaptation à votre rupture, avant de penser à rencontrer quelqu'un d'autre. Ce niveau d'adaptation implique d'être parvenu à développer une belle relation de coparentalité avec votre ex et d'avoir réussi à diminuer le niveau de confit entre vous.

Prendre des pauses de la famille recomposée

Durant les étapes de votre transition vers une famille recomposée, il peut être sain de prendre parfois des petites pauses de ces changements en planifiant des moments où vous êtes seul avec vos enfants. N'oubliez pas qu'ils auront toujours besoin de moments où ils obtiennent votre attention exclusive, et de maintenir une belle relation avec vous.

Ces brefs moments de retour à la famille monoparentale pourraient vous donner un répit de tout le stress et toute l'adaptation que cette nouvelle transition familiale vous demande, à vous et vos enfants. Peut-être que cela pourrait favoriser une plus grande tolérance aux changements chez vos enfants, puisqu'ils seront ainsi rassurés que ces petits moments en famille monoparentale reviendront régulièrement au cours des semaines. Ils sentiront également qu'une certaine cohésion de leur famille initiale se préserve, malgré la nouvelle transition qu'ils vivent.

Communiquer!

Apprendre à vivre ensemble dans l'harmonie ne peut se faire sans communication. Pour éviter les accidents sur le réseau routier, il faut un code de sécurité routière. Pour faciliter la cohabitation et la communication d'une famille recomposée, il faut un code de vie établi par le nouveau couple, et des rendez-vous hebdomadaires en famille pour communiquer sur le fonctionnement de la famille.

Le code de vie

Le code de vie est constitué des règles et des limites de la maison, et doit s'adapter aux valeurs éducatives des deux parents (beaux-parents), ainsi qu'au niveau de développement des enfants. Pour établir ce code de vie, votre nouveau conjoint et vous pouvez faire **ensemble** l'exercice d'identification des attentes et des limites suggérées au chapitre 6. Évidemment, ces règles et ces attentes devront être communiquées clairement aux enfants, dans des mots qu'ils pourront comprendre. Le but n'est pas de transformer la famille en camp militaire, mais plus on est nombreux dans une maison, plus une certaine structure est nécessaire pour éviter que l'on se pile sur les pieds!

Le conseil de famille

Quand les enfants sont assez vieux, il peut être intéressant de les laisser s'exprimer et de les faire participer à la recherche de solutions dans le cadre d'un conseil de famille. Le conseil de famille est un moment, idéalement hebdomadaire, où tous les membres de la famille sont présents et prêts à discuter du fonctionnement familial, incluant le fameux code de vie, les tâches assignées à chacun, les frustrations et les points positifs.

Ainsi, si un membre de la famille vit une frustration, il peut l'inscrire sur une feuille affichée sur le frigo. Elle fera partie de la liste des points à l'ordre du jour du prochain conseil de famille. Entre le moment où elle inscrit son point sur sa feuille et le moment du conseil de famille, la personne a tout son temps pour se calmer un peu et préparer une façon respectueuse de faire comprendre son point.

Lors du conseil de famille, un des deux adultes agit à titre de « président » et accordera la parole à chacun, en s'assurant que tout le monde attend son tour pour parler. Lorsqu'un point est exposé et compris de tous, alors chacun peut suggérer ses solutions. Il s'agit d'une façon efficace de s'assurer que tous les membres de la famille communiquent régulièrement ensemble, de façon structurée et respectueuse. Cela peut favoriser une plus grande harmonie et faciliter l'adaptation du code de vie à l'évolution des enfants et à leur niveau de développement avec le temps. Chacun pourrait être rassuré par le fait d'être certain de pouvoir régulièrement confier comment il se sent par rapport à la famille recomposée et à son fonctionnement.

Attention! Ce n'est pas parce que vous mettez tous les efforts nécessaires à l'établissement et au maintien du conseil de famille, que vos enfants n'auront plus jamais besoin de communiquer seul à seul avec vous. Certains sujets qu'ils voudront aborder seront plus délicats, les rendront plus timides et nécessiteront d'être abordés dans une plus grande intimité.

Le conseil de famille est une façon de bien communiquer en famille, mais il ne répond pas nécessairement à tous les besoins de chaque membre de la nouvelle famille. De même, vous et votre conjoint aurez régulièrement besoin de parler seul à seul de votre propre relation, pour ajuster vos styles respectifs de discipline, pour échanger sur vos relations avec vos beaux-enfants et vos enfants... Bref, la communication doit être au cœur de cette nouvelle famille que vous formez maintenant.

Une méthode de résolution de conflit à utiliser lors du conseil de famille

Pour faciliter les échanges plus corsés entre les membres de la famille lors du conseil, vous trouverez à la page suivante les étapes d'une résolution de conflit[4]. Notez que ces étapes peuvent tout aussi bien servir dans votre relation avec votre ex!

4. Tiré du Volume 5 de la présente collection, « *C'est pas moi, c'est lui !* ».

Résolution de conflit

Les étapes	Comment faire
1) Se préparer à la discussion en vous calmant si vous êtes trop en colère.	• Se retirer. • Relaxer. • Respirer.
2) Exposer le problème et identifier la cause du problème.	• Ne pas accuser ou crier des noms. • Exposer la situation qui a causé l'insatisfaction (ex. : QUAND tu fais ceci ou cela). • Exprimer ses émotions en parlant au « je » (ex. : Je me sens…). • Dire son point de vue, exprimer pourquoi on se sent comme cela (ex. : Parce que…). • Exprimer ses attentes (ex. : J'aimerais que…).
3) Écouter l'autre attentivement sans l'interrompre.	• Regarder l'autre et faire des signes qu'on comprend (ex. : hocher la tête)… on peut comprendre le point de vue de l'autre sans être d'accord! • Répéter dans ses propres mots ce que l'on comprend dans le point de vue de l'autre (ex. : Si je comprends bien, tu crois que…). • Poser des questions si on ne comprend pas toutes les explications de l'autre.
4) Trouver les points sur lesquels vous vous entendez et les points sur lesquels vous devez arriver à une solution.	• Trouver les choses que vous désirez tous les deux, les points sur lesquels vous vous entendez déjà. • Trouver les points à la source de votre désaccord.
5) Générer des solutions.	• Initier un « remue-méninges » afin de trouver avec l'autre le plus de solutions possible, même les plus folles! • Évaluer avec l'autre les avantages et les inconvénients de chaque solution trouvée. • Planifier quels pourraient être les obstacles au succès des meilleures solutions et trouver des façons d'éliminer ou de contourner ces obstacles.
6) Choisir une solution et faire un plan.	• Ensemble, choisir une solution qui conviendra aux deux et planifier comment la mettre en pratique (où, quand et comment).

Ce chapitre sur la famille recomposée avait pour simple objectif de vous conscientiser à cette réalité et aux défis qu'elle implique. Certaines stratégies ont été suggérées pour faciliter cette nouvelle transition familiale... et s'il n'y en avait que deux à retenir, je vous suggérerais surtout de prendre votre temps et de favoriser un bon niveau de communication entre tous les membres de la nouvelle famille recomposée.

CHAPITRE 8

Conclusion

Et voilà! J'ai maintenant fait le tour de ce que j'avais à dire sur cet épineux sujet de la séparation parentale et des familles recomposées!

Bien que certains chapitres aient pu vous paraître assez alarmistes, rappelez-vous surtout qu'une bonne proportion des parents séparés arrivent, au bout de quelques mois ou quelques années après leur rupture, à développer une relation cordiale de coparentalité. Cela signifie que dans la majorité des cas, bien que la séparation soit une épreuve difficile, ses conséquences ne correspondent pas nécessairement aux histoires d'horreur dont on entend parler dans les médias.

Cependant, ces histoires d'horreur, même si elles ne sont pas la norme, existent réellement. J'en sais quelque chose... j'ai déjà été témoin expert à la Cour en matière de garde légale d'enfants. Le ton alarmiste de certaines parties de ce livre avait pour but de vous mettre en garde contre les effets négatifs des conflits entre les parents sur le développement des enfants, conflits qui peuvent mener à ces histoires d'horreur. De toute façon, ces conflits ont également des conséquences négatives sur le bien-être des parents, et je suis certaine que vous ne voulez pas vivre ces conséquences!

Depuis, l'arrivée de la Loi sur le divorce, nos connaissances sur le processus d'une séparation parentale et sur ses impacts ont grandement évolué, même s'il reste encore plusieurs choses encore confuses et ne faisant pas l'objet de consensus dans ce domaine. Encore aujourd'hui, lorsque l'on demande à des experts de se prononcer sur certains aspects de la séparation parentale, plusieurs donnent souvent la fâcheuse réponse : « Ça dépend »! C'est qu'il est difficile de considérer les impacts de la séparation parentale comme un phénomène global puisque toutes les familles sont différentes les unes des autres, et que de nombreux facteurs interagissent avec la séparation pour moduler et influencer son impact sur les membres de la famille.

Malgré tout, il existe maintenant de plus en plus d'outils efficaces pour vous aider à traverser positivement une telle épreuve, à commencer par la médiation familiale, qui vous est même offerte gratuitement par le gouvernement. Même si l'exercice de s'asseoir avec un médiateur et de négocier une par une les clauses d'une entente de séparation peut être anticipé avec anxiété par de nombreux parents (certains en feront des boutons!), le résultat final, l'entente négociée à l'amiable, sera apaisant et vous aidera à cheminer plus rapidement dans le processus de deuil et dans la réorganisation de votre vie. C'est un peu comme faire son testament... Il n'y a pas beaucoup de gens qui aiment faire cet exercice, mais tout le monde en ressort avec un sentiment de soulagement et du devoir accompli!

Dans le même sens, votre façon de développer votre nouvelle relation de coparentalité laissera un héritage à vos enfants, celui d'avoir des parents qui ont fini par apprendre à mettre de côté leurs différends pour se concentrer sur leurs besoins et leur bien-être, ou encore, malheureusement, celui d'avoir des parents qui, malgré le fait qu'ils n'ont plus à vivre ensemble, continuent à se quereller et à s'entre-déchirer.

Alors surtout, rappelez-vous que dans une séparation parentale, les enfants **subissent** les décisions de leurs parents sans vraiment avoir de pouvoir sur le sort de leur famille. Si vous voulez faire tout en votre pouvoir pour continuer à veiller sur leur bien-être, relisez plusieurs fois le chapitre 6, et consultez la liste de ressources à la fin de ce livre, si vous sentez que vous avez besoin de plus d'outils ou d'approfondir vos connaissances.

Si, peu après une séparation, vous êtes dans une situation où, pour quelques raisons que ce soit, vous vous sentez incapable d'appliquer les recommandations suggérées au chapitre 6, ou si votre famille recomposée fait face à des problèmes qui vous semblent insolubles, ne tardez pas à consulter un professionnel... vous ou vos enfants. Plus vos enfants resteront exposés longtemps à une situation problématique, plus les conséquences sur leur bien-être psychologique pourraient être graves ou même devenir permanentes. Si c'est vous qui consultez, une diminution de votre détresse leur fera déjà beaucoup de bien. Si ce sont vos enfants qui consultent, vous leur offrirez la possibilité de se confier à une personne neutre qui les soutiendra à travers ces épreuves, ce qui peut faire une grande différence dans leur vie.

Mieux encore... rappelez-vous de l'anecdote des clients de mon collègue qui se sont tellement disputés que lorsqu'un de leurs enfants s'est marié, ni l'un ni l'autre des deux parents n'a été invité au mariage! Preuve que les enfants prennent parfois très bien le contrôle de leur vie une fois devenus adultes!

Je suis certaine qu'après avoir lu ce livre, vous ferez tout ce qui est en votre pouvoir pour qu'un jour vous soyez assuré d'être invité au mariage de VOTRE enfant!

Bonne chance et surtout...
respirez par le nez!

Quelques ressources utiles…

HÔPITAUX ET CLSC

Les CLSC représentent LA ressource locale par excellence pour obtenir de l'aide. On peut y évaluer votre situation familiale et ensuite vous orienter vers les services appropriés accessibles dans votre communauté. En cas de situation de crise, vous pouvez également consulter le centre hospitalier de votre région où des équipes multidisciplinaires peuvent prendre les problèmes plus lourds en charge, que ce soit en département psychiatrique ou encore en consultation clinique externe.

LIGNE TÉLÉPHONIQUE ET INFORMATIONS POUR PARENTS

Dans les moments difficiles, il peut être utile de pouvoir parler à quelqu'un d'objectif, qui a du recul par rapport à notre situation. Obtenir de l'information sur la santé des enfants est tout aussi efficace, car parfois, les problèmes de santé physique peuvent affecter les émotions des enfants.

- Ligne Parents (en tout temps): 1 800 361-5085; 514 288-5555
- La Parenterie 514 385-6786
- Centre d'information sur la santé de l'enfant de l'Hôpital Ste-Justine
  – 514 345-4678
  – www.hsj.qc.ca/CISE/

LIGNE TÉLÉPHONIQUE POUR LES ENFANTS ET LES ADOLESCENTS

Les enfants aussi peuvent avoir parfois besoin de parler à quelqu'un d'objectif… cette ressource est excellente!

- Tel-jeune (en tout temps) : 1 800 263-2266; 514 288-2266
- Jeunesse j'écoute : http://www.jeunessejecoute.ca/   1 800 668-6868

CENTRE DE RÉFÉRENCE DU GRAND MONTRÉAL

Pour les gens de la région de Montréal et les environs, cette ressource permet de trouver TOUTES les ressources… ou presque! C'est un numéro précieux à conserver.

- 514 527-1375

Ordre des psychologues du Québec

Pour ceux qui souhaitent consulter un psychologue en pratique privée, l'Ordre des psychologues du Québec offre un service de référence vous permettant de trouver un psychologue en fonction de son domaine d'expertise et de la région où il pratique. Le site Internet est également très intéressant et vous informe sur les différentes approches en psychologie.

- Le service de référence téléphonique est ouvert du lundi au vendredi, de 8 h 30 à 16 h 30
  – 514 738-1223
  – 1 800 561-1223
  – www.ordrepsy.qc.ca

Cliniques Universitaires de services psychologiques

Peu de gens connaissent cette forme de service... Les cliniques universitaires de services psychologiques peuvent vous venir en aide car elles offrent des services d'évaluation psychologique et de thérapie à prix modique. Les services sont offerts par des étudiants au doctorat en psychologie qui sont en stage. Ils sont supervisés étroitement par des psychologues d'expérience. Les étudiants font souvent preuve d'un grand professionnalisme et feront beaucoup d'efforts pour vous aider, d'une part parce qu'ils sont évalués à la fin de leur stage, et d'autre part parce qu'ils sont jeunes et ils ont le feu sacré de la profession... ils ont hâte de mettre en pratique ce qu'ils apprennent depuis plusieurs années sur les bancs d'école!

Centre de services psychologiques de l'Université du Québec à Montréal :
- 514 987-0253
- http://www.psycho.uqam.ca/D_CSP/CSP.html

Clinique universitaire de psychologie de l'Université de Montréal :
- 514 343-7725
- http://www.psy.umontreal.ca/dept/service.html

Service de consultation de l'École de Psychologie de l'Université Laval
- 418 656-5460
- http://www.psy.ulaval.ca/SCEP.html

Clinique universitaire de psychologie de l'Université du Québec à Chicoutimi
- 418 545-5024
- http://www.uqac.ca/administration_services/cup/index.php

Centre universitaire de services psychologiques de l'Université du Québec à Trois-Rivières
- 819 376-5088
- https://oraprdnt.uqtr.uquebec.ca/pls/public/gscw031?owa_no_site=134&owa_no_fiche=1&owa_apercu=N&owa_bottin=&owa_no_fiche_dev_ajout=-1&owa_no_fiche_dev_suppr=-1

Centre d'intervention psychologique de l'Université de Sherbrooke (pour 18 ans et plus seulement)
- 819 821-8000 (poste 3191)
- http://www.usherbrooke.ca/psychologie/cipus/cipus.html

Centre de services psychologiques de l'Université d'Ottawa
- 613 562-5289
- http://www.socialsciences.uottawa.ca/psy/fra/csp.asp

RESSOURCES SPÉCIFIQUES À LA SÉPARATION PARENTALE ET AUX FAMILLES RECOMPOSÉES

(références proposées sur le site du Centre d'Information sur la Santé de l'Enfant de l'Hôpital Ste-Justine)

Association G.R.A.N.D.

(Grands-Parents Requérant Accès Naturel et Dignité)
12, Park Place, bureau 1
Westmount (Québec), H3Z 2K5
Téléphone: 514 846-0574   Télécopieur: 514 846-0235
Site Web: www.familis.org/riopfq/membres/grand.html

L'Association apporte un soutien aux grands-parents ayant perdu le droit d'accès à leurs petits-enfants à la suite d'un divorce, d'une séparation ou de la mort d'un parent. Des réunions-conférences gratuites sont présentées tous les deux mois. L'Association offre aussi un service gratuit de médiation.

Centre de ressources familiales du Québec

5167, rue Jean Talon Est, bureau 370
Montréal (Québec), H1S 1K8
Téléphone: 514 593-6997   Téléphone sans frais: 1 800 361-8453   Télécopieur: 514 593-4659
Courriel: info@crfq.org
Site Web: www.crfq.org

Le Centre vient en aide aux familles vivant une situation difficile reliée à une séparation ou un divorce. Il intervient directement par le biais d'une ligne d'écoute téléphonique, de groupes de soutien, d'avis juridiques et de conseils juridiques ainsi que d'un service de références communautaires adapté aux besoins de chacun. Tous ces services sont offerts gratuitement.

Éducation coup-de-fil

Téléphone: 514 525-2573   Téléphone sans frais: 1 866 329-4223   Télécopieur: 514 525-2576
Courriel: ecf@bellnet.ca
Site Web: www.education-coup-de-fil.com

Service de consultation professionnelle téléphonique gratuit, confidentiel et anonyme. Pour aider à solutionner les difficultés courantes des relations parents-enfants des familles biologiques ainsi que des familles adoptives. Parents, jeunes et intervenants peuvent y avoir recours. Le service est ouvert de septembre à juin, du lundi au vendredi de 9 h à 16 h 30, les mercredis et jeudis de 18 h 30 à 21 h. L'atelier «L'après-séparation et le vécu parents-enfants» est offert trois fois par année.

Site Web sur la médiation familiale au Québec

http://www.justice.gouv.qc.ca/Francais/publications/generale/mediation.htm

Fédération des associations de familles monoparentales et recomposées du Québec – FAFMRQ

584, rue Guizot Est
Montréal (Québec), H2P 1N3
Téléphone: 514 729-6666   Télécopieur: 514 729-6746
Courriel: fafmrq.info@videotron.ca
Site Web: www.fafmrq.org

La Fédération intervient auprès des différentes instances afin d'assurer le financement de ses associations membres et d'améliorer les conditions de vie des familles monoparentales et recomposées. Elle apporte aide et soutien à ces associations, visant à leur assurer une autonomie financière. Elle réfère les familles monoparentales et recomposées ayant besoin de soutien à l'une de ses cinquante associations réparties partout au Québec. Elle défend aussi les droits et les intérêts de ces familles.

Suggestions de lectures

Lectures pour enfants – Divorce ou séparation parentale (références proposées sur le site du Centre d'Information sur la Santé de l'Enfant de l'Hôpital Ste-Justine)

- *Les parents se séparent* (2 ans+)
  Dolto-Tolitch, Catherine
  Paris : Gallimard Jeunesse, 2008. 24 p.
  (Mine de rien)

- *4 histoires pour aider à redevenir heureux!*
  Après la séparation de papa et maman (3 ans +)
  Grenier Laperrière, Madeleine
  Montréal : Éducation-coup-de-fil, 1999. 49 p.

- *C'est une histoire d'amour* (3 ans+)
  Lenain, Thierry
  Paris : Albin Michel Jeunesse, 2004. 33 p.

- *Emma a deux maisons* (3 ans+)
  Piquemal, Michel
  Paris : Flammarion, 2004. 21 p. (Père Castor)

- *La séparation* (3 ans+)
  Francotte, Pascale
  Bruxelles : Alice Jeunesse, 2004. 40 p.

- *Les parents de Samira se séparent* (3 ans+)
  Lamblin, Christian
  Paris : Nathan, 2001. 20 p. (Croque la vie)

- *Le dé-mariage* (4 ans+)
  Cole, Babette
  Paris : Seuil Jeunesse, 1997. 32 p.

- *Papa, maman, écoutez-moi!* (4 ans+)
  Wabbes, Marie
  Paris : Gallimard Jeunesse, 2004. 27 p.
  (Album Gallimard)

- *Une histoire à deux* (4 ans+)
  Dubois, Claude K
  Paris : École des Loisirs, 2007. 36 p. (Pastel)

- *Papa maman ne s'aiment plus* (5 ans+)
  Demuynck, Corrine
  La-Cluse-et-Mijoux (France) :
  Cabane sur le chien, 2006. 33 p.

- *Quand mes parents ont oublié d'être amis*
  (5 ans+)
  Moore-Mallinos, Jennifer
  Saint-Lambert (Québec) : Héritage,
  2006. 32 p. (Parlons-en!)

- *C'est un papa* (6 ans+)
  Rascal
  Paris : École des Loisirs, 2005. 28 p.
  (Lutin poche)

- *Guillaume et la nuit* (6 ans+)
  Tibo, Gilles
  Saint-Lambert (Québec) : Soulières, 2003. 44 p.
  (Ma petite vache a mal aux pattes)

- *Le cœur en compote* (6 ans+)
  Chagnon, Gaëtan
  Saint-Laurent (Québec) : Pierre Tisseyre,
  1997. 59 p. (Sésame)

- *Le petit livre pour mieux vivre le divorce* (6 ans+)
  de Guibert, Françoise et Pascal Lemaître
  Paris : Bayard jeunesse, 2006. 48 p.
  (La collection des petits guides pour comprendre la vie)

- *Les parents de Zoé divorcent* (6 ans+)
  De Saint-Mars, Dominique
  Fribourg : Calligram, 1995. 45 p. (Max et Lili)

- *Mais oui, je vous aime toujours!* (6 ans+)
  Lenain, Thierry
  Paris : Nathan, 2006. 28 p.

- *Tu seras toujours mon papa* (6 ans+)
  Broere, Rien
  Montréal : École active, 1997. 33 p. (Éclats de vie)

- *Un trésor bien caché* (6 ans+)
  Smadja, Brigitte
  Paris : École des Loisirs, 1999. 86 p. (Mouche)

- *La valise rouge* (7 ans+)
  Englebert, Éric
  Paris : Grasset jeunesse, 2007. 42 p.
  (Les petits bobos de la vie)

- *Papa, maman... avant* (7 ans+)
  Englebert, Éric
  Paris : Grasset jeunesse, 2006. 40 p.
  (Les petits bobos de la vie)

- *Courage, Lili Graffiti!* (8 ans+)
  Danziger, Paula
  Paris : Gallimard Jeunesse, 2003. 138 p.
  (Folio cadet)

- *Les deux maisons de Dominique* (8 ans+)
  Gervais, Jean
  Montréal : Boréal, 1991. 44 p. (Dominique)

- *Les perdus magnifiques* (8 ans+)
  Gingras, Charlotte
  Saint-Lambert (Québec) : Dominique
  et Compagnie, 2004. 80 p. (Roman vert)

- *Mes parents se séparent* (8 ans+)
  Saladin, Catherine
  Paris : Éditions Louis Audibert, 2002. 47 p.
  (Brins de psycho)

- *Comment survivre quand les parents se séparent*
  (10 ans+) Clerget, Stéphane et Bernadette Costa Prades
  Paris : Albin Michel Jeunesse, 2004. 185 p.
  (Comment survivre)

- *La boîte à bonheur* (10 ans+)
  Gingras, Charlotte
  Montréal : La Courte échelle, 2003. 62 p.
  (Mon roman)

- *Parents séparés: et moi alors?* (10 ans+)
  De Guibert, Françoise
  Toulouse : Milan, 2006. 43 p. (Les guides complices)

- *Les miens aussi, ils divorcent* (11 ans+)
  Cadier, Florence
  Paris : De la Martinière Jeunesse, 2008. 103 p.
  (Oxygène)

- *Je m'appelle Holly Starcross* (12 ans+)
  Dohertie, berlie
  Paris : Hachette, 2005. 286 p. (Le livre de poche)

- *Avec tout mon amour* (13 ans+)
  Kochka
  Paris : Nathan, 2008. 112 p.

- *Le divorce expliqué à nos enfants* (13 ans+)
  Lucas, Patricia et Stéphane Leroy
  Paris : Seuil, 2003. 88 p.
  Lectures pour enfants – Famille recomposée
  (références proposées sur le site du Centre
  d'Information sur la Santé de l'Enfant de l'Hôpital
  Ste-Justine)

- *Camille a deux familles* (2 ans+)
  Texier, Ophélie
  Paris : École des Loisirs, 2004. 20 p.
  (Les petites familles)

- *Ma famille, c'est pas compliqué!* (3 ans+)
  Francotte, Pascale
  Bruxelles : Alice Jeunesse, 2006. 25 p.

- *Papa se marie* (3 ans+)
  Moore-Mallinos, Jennifer
  Saint-Lambert (Québec) : Héritage Jeunesse,
  2007. 31 p. (Parlons-en!)

- *Une nouvelle amie* (4 ans +)
  Daenen, Frank
  Paris : Magnard, 2006. 25 p.

- *Isis, ma belle Isis* (7 ans+)
  Renaud, Bernadette
  Montréal : Québec Amérique Jeunesse, 2008.
  176 p. (Bilbo)

- *Le coeur au vent* (7 ans+)
  Montour, Nancy
  Saint-Lambert (Québec) : Dominique et
  Compagnie, 2003. 45 p. (Roman rouge)

- *Lili et moi* (8 ans+)
  Stanké, Claudie
  Montréal : Hurtubise HMH, 2001. 70 p.
  (Collection Plus)

- *Un week-end sur deux* (8 ans+)
  Dreyfuss, Corinne
  Paris : Thierry Magnier, 2005. 47 p. (Petite poche)

- *C'est ça la vie?* (9 ans+)
  Champagne, Louise
  Montréal : Québec Amérique Jeunesse,
  2003. 126 p. (Gulliver)

- *Des vacances à histoires* (9 ans+)
  Pernusch, Sandrine
  Paris : Rageot, 1999. 124 p. (Cascade)

- *La 42e sœur de Bébert* (9 ans+)
  Duchesne, Christiane
  Montréal : Québec Amérique Jeunesse,
  1993. 121 p. (Gulliver jeunesse)

- *Ma mère se remarie: la famille recomposée*
  (9 ans +)
  Rubio, Vanessa
  Paris : Autrement Jeunesse, 2001. 47 p.
  (Autrement junior)

- *Famille recomposée: comment trouver sa place?*
  (11 ans+)
  Bonneton, France
  Paris : De la Martinière Jeunesse, 2008. 105 p.
  (Oxygène)

- *Une famille et demie* (12 ans +)
  Poudrier, Elyse
  Montréal : Québec Amérique Jeunesse,
  2001. 210 p. (Titan Jeunesse)

Références

AHRONS, C. (1994). *The Good Divorce : Keeping Your Family Together When Your Mariage Is Coming Apart.* New York : Harper Perennial.

AHRONS, C., & MILLER, R. (1993). « The Effect of the Postdivorce Relationship on Paternal Involvement: A Longitudinal Analysis », dans *American Journal of Orthopsychiatry*, 63 (3), 441-449.

AMATO, P. R. (1993). « Children's Adjustment to Divorce : Theories, Hypothesis, and Empirical Support », dans *Journal of Marriage and The Family*, 55, 23-38.

AMATO, P. (2001). Children of Divorce of the 1990s : An Update of the Amato and Keith (1991) Meta-analysis, dans *Journal of Family Psychology*, 15, 355-370.

AMATO, P., & KEITH, B. (1991). « Parental Divorce and The Well-Being of Children : A Meta-Analysis », dans *Psychological Bulletin*, 110 (1), 26-46.

BLOCK, J. H., BLOCK, J., & GJERDE, P. F. (1986). « The Personality of Children Prior to Divorce: A Prospective Study » dans *Child Development*, 57 (4), 827-840.

BOULANGER, C. C. (2000). « L'ABC du divorce au Québec ». Article tiré du site Web http://www.avocat.qc.ca/public/iidivorce.htm.

BROWN, J. H., EICHENBERGER, S. A., PORTES, P. R., & CHRISTIENSEN, D. N. (1991). « Family Functioning Factors Associated With The Adjustment of Children of Divorce », dans *Journal of Divorce and Remarriage*, 17 (1-2), 81-95.

BUEHLER, C., ANTHONY, C., KRISHNAKUMAR, A., STONE, G., GERARD, G., & PEMBERTON, S. (1997). «Interpersonal Conflict and Youth Problem Behavior : A Meta-Analysis », dans *Journal of Child and Family Studies*, 6 (2), 233-247.

BUEHLER, C., KRISHNAKUMAR, A., STONE, G., ANTHONY, C., PEMBERTON, S., GERARD, J., & BARBER, B. K. (1998). « Interparental Conflict Style and Youth Problem Behaviors : A Two-Sample Replication Study », dans *Journal of Marriage and The Family*, 60, 119-132.

BURNS, A., & DUNLOP, R. (2002). « Parental Marital Quality and Family Conflict : Longitudinal Effects on Adolescents from Divorcing and Non-Divorcing Families », dans *Journal of Divorce and Remarriage*, 37 (1-2), 57-74.

CAROBENE, G., & CYR, F. (2006). « L'adaptation des enfants à la séparation de ses parents : sept hypothèses pour une compréhension approfondie », dans *Canadian Psychology/Psychologie Canadienne*, 47 (4), 300-315.

CHERLIN, A. J., FURSTENBERG, F. F., CHASE-LANSDALE, L. P., KIERNAN, K. E., ROBINS, P. K., MORRISON, D. R., & TEITLER, J. O. (1991). « Longitudinal Studies of Effects of Divorce on Children in Great Britain and The United States », dans *Science*, 252, 1386-1389.

DAVIES, P. T., & CUMMINGS, E. M. (1994). « Marital Conflict and Child Adjustment : An Emotional Security Hypothesis », dans *Psychological Bulletin*, 116 (3), 387-411.

DUCHESNE, L. (2000). « La situation démographique au Québec ». Institut de la statistique du Québec.

EMERY, R. E. (1994). *Renegotiating Family Relationships. Divorce, Child Custody, and Meditation*. New York : The Guilford Press.

EMERY, R. E. (1999). *Marriage, Divorce, and Children's Adjustment, Second Edition*. London : Sage Publications, Inc.

EMERY, R. E. (2003). « L'arbre et la forêt : les coûts de l'adaptation et les bénéfices (à long terme) de la coopération ». Communication orale. 3e Journée d'études Europe-Amériques, Familles aux multiples visages : nouveaux défis pour la médiation, du 25 au 27 septembre 2003.

FINCHAM, F. D., GRYCH, J. H., & OSBORNE, L. N. (1994). « Does Marital Conflict Cause Child Maladjustment? Directions and Challenges for Longitudinal Research », dans *Journal of Family Psychology*, 8 (2), 128-140.

FELNER, R. D., FABER, S. S. & PRIMAVERA, J. (1983). « Transitions and Stressful Life Events : A Model for Primary Prevention » dans FELNER, L.A., MORITSUGU, J. N., & FARBER S. S. (Eds.), *Preventive Psychology : Theory, Research, and Practice*. New York : Pergamon Press.

FELNER, R. D., TERRE, L., & ROWLINSON, R. T. (1988). « A Life Transition Framework for Understanding Marital Dissolution and Family Reorganization » dans WOLCHIK, S. A., KROLY, P. (Eds), Children of Divorce : Empirical Perspectives on Adjustment (pp.35-65). New York : Gardner Press.

GAGNÉ, M.-H., DRAPEAU, S., & HÉNAULT, R. (2005). « L'aliénation parentale : un bilan des connaissances et des controverses », dans *Psychologie Canadienne*, 46 (2), 73-87.

GARDNER, R. A. (1985). « Recent Trends in Divorce and Custody Litigation », dans *The Academy Forum*, 29 (2), 3-7. New York : The American Academy of Psychoanalysis.

GARDNER, R. A. (1992). *The Parental Alienation Syndrome : A Guide for Mental Health and Legal Professionals*. Cresskill, NJ : Creative Therapeutics.

GARDNER, R. A. (1998). « Recommendations for Dealing With Parents Who Induce a Parental Alienation Syndrome in Their Children », dans *Journal of Divorce and Remarriage*, 28 (3/4), 1-23.

GLENN, N. (2001). « Is the Current Concern About American Mariage Warranted? », dans *Virginia Journal of Social Policy and the Law*, 5-47.

GOULD, J. W. (1998). *Conducting Scientificaly Crafted Child Custody Evaluations*. California : Sage Publications.
GREENE, S., ANDERSON, E., HETHERINGTON, M., FOREGATCH, M., & DEGARMO, D. (2003). « Risk and Resilience After Divorce », dans D. F. WALSH (Éd.), *Normal Family Processes, Growing Diversity and Complexity* (pp. 96-120). New York : Guilford.

GRYCH, J. H., & FINCHAM, F. D. (1993). « Children's Appraisals of Marital Conflict : Initial Investigations of The Cognitive-Contextual Framework », dans *Child Development*, 64, 215-230.

HANSON, T. L. (1999). « Does Parental Conflict Explain Why Divorce Is Negatively Associated With Welfare? », dans *Social Forces*, 77 (4), 1283-1316.

HARRIS, J.R. (1998). *The Nurture Assumption : Why Children Turn Out The Way They Do*. New York : Free Press.

HERSHELL, A. D., & MCNEIL, C. B. (2007). Parent-Child Interaction Therapy With Physically Abusive Families, dans *Handbook of Parent Training : Helping Parents Prevent and Solve Problem Behaviors*, pp.234-267.

HETHERINGTON, E. M. (1979). « Divorce: A Child's Perspective » dans *American Psychologist*, 34, 851-858.

HETHERINGTON, E.M., BRIDGE, M., & INSABELLA, G. M. (1998). « What Matters? What Does Not? Five Perspectives on The Association Between Marital Transition and Children's Adjustment » dans *American Psychologist*, 53 (2), 167-184.

HETHERINGTON, E. M. (1999). *Coping With Divorce, Single Parenting and Remariage : A Risk and Resiliency Perspective*. Mahwah, NJ : Lawrence Erlbaum Associates.

HOWES, P., & MARKMAN, H.J. (1989).« Marital Quality and Child Functioning : A Longitudinal Investigation», dans *Child Development*, 60, 1044-1051.

Institut de la Statistique du Québec. (2008). Les mariages et les divorces. Tableau tiré du site Web http://www.stat.gouv.qc.ca/donstat/societe/demographie/etat_matrm_marg/index.htm.

Justice Québec. (2009). La médiation familiale. Article tiré du site http://www.justice.gouv.qc.ca/Francais/publications/generale/mediation.htm

KAFFMAN, M. (1993). « Divorce in The Kibbutz : Lessons To Be Drawn », dans *Family Process*, 32, 117-133.

KELLY, J. B. (2000). « Children's Adjustment in Conflicted Mariage and Divorce : A Decade Review of Research », dans *Journal of the American Academy of Child and Adolescent Psychiatry*, 39 (8), 963-973.

KELLY J. B. (2003). « Changing Perspectives on Children's Adjustment Following Divorce : A View From The United States », dans *Childhood*, 10 (2), 237-254.

KELLY, J. B., & ENERT, R. E. (2003). « Children's Adjustment Following Divorce : Risk and Resilience Perspective », dans *Family Relations Interdisciplinary Journal of Applied Family Studies*, 52 (4), 352-362.

KEMPENEERS, M., & DANDURAND, R. B. (2001). « L'enfant à risque : discours scientifiques et interventions publiques », dans *Éthique Publique*, 3 (7), 138-145.

KLINE, M., JOHNSTON, J. R., & TSCHANN, J. M. (1991). « The Long Shadow of Marital Conflict : A Model of Children's Postdivorce Adjustment », dans *Journal of Marriage and the Family*, 53, 297-239.

KOT, L. A., & SHOEMAKER, H. M. (1999). « Children of Divorce : An Investigation of The Developmental Effects from Infancy Through Adulthood », dans Journal of *Divorce and Remarriage*, 31 (1-2), 161-178.

KURDEK, L. A. (1981). « An Intergrative Perspective on Children's Divorce Adjusment », dans *American Psychologist*, 36, 856-866.

LANDSFORD, J. (2009). « Parental Divorce and Children's Adjustment », dans *Perspectives on Psychological Science*, 4(2), 140-152. doi:10.1111/j.1745-6924.2009.01114.x.

LUND, M. (1995). A Therapist's View of Parental Alienation Syndrome », dans *Family and Conciliation Courts Review*, 33 (3), 308-316.

MACCOBY, E. E., & MNOOKIN, R. H. (1992). *Dividing The Child : Social and Legal Dilemmas of Custody*. Cambridge, MA : Harvard University Press.

MARCIL-GRATTON N., & LEBOURDAIS, C. (1999). *Garde des enfants, droits de visite et pension alimentaire : résultats tirés de l'Enquête longitudinale nationale sur les enfants et les jeunes*. Ministère de la justice du Canada. Rapport de recherche CSR-1999-3F38.

MCINTOSH, J. (2003). « Enduring Conflict in Parental Separation : Pathways of Impact on Child Development », dans *Journal of Family Studies*, 9 (1), 63-80.

MILAN, A. (2003). « Accepteriez-vous de vivre en union libre? » *Tendances sociales Canadiennes*. Statistiques Canada. http://www.statcan.gc.ca/kits-trousses/pdf/social/edu04_0156a-fra.pdf

Ministère de l'emploi, de la solidarité sociale et de la famille. (2004). Les familles et les enfants au Québec, principales statistiques. Québec, Qc : Direction des communications, Ministère de l'emploi et de la solidarité sociale.

MORRISON, D. R., & COIRO, M. J. (1999). « Parental Conflict and Marital Disruption : Do Children Benefit When High-Conflict Marriage Are Dissolved? », dans *Journal of Marriage and the Family*, 61, 626-637.

OPPAWSKY, J. (2000). Parental Bickering, Screaming, and Fighting : Etiology of The Most Negative Effects of Divorce on Children From The View of Children », dans *Journal of Divorce and Remarriage*, 32 (3-4), 141-147.

PAGÉ, C, (2006). *Le développement de l'identification masculine chez le garçon d'une famille dont le père est absent*. Essai doctoral inédit. Université du Québec à Montréal.

POPENOE, D. (1993). « American Family DecLine, 1960-1990 : A Review and Appraisal », dans *Journal of Marriage and the Family*, 55, 527-542.

POPENOE, D. (2003). « Can The Nuclear Family Be Revived? dans M. COLEMAN & L. GANONG (Eds.) », *Points And Counterpoints : Controversial Relationship and Family Issues in The 21st Century* (pp. 218-221). Los Angeles : Roxbury Publishing.

REIFMAN, A., VILLA, L., AMANS, J., REITHINAM, V., & TELESCA, T. (2001). « Children of Divorce In The 1990s : A Meta-Analysis », dans *Journal of Divorce and Remarriage*, 36 (1/2), 27-36.

ROONEY, S. A., & WALKER, T. F. (1999). Identification and Treatment of Alienated Children in High-Conflict Divorce, dans L. VANDECREEK & T. L. JACKSON (Éds.), *Innovations in Clinical Practice : A Source Book* (Vol. 17, P. 331-341). Sarasota, FL : Professional Resource Press.

ROSEBY, V., & JOHNSTON, J. (1997 a). *High-Conflict, Violent, and Separating Families*. Free Press, New York.

ROSEBY, V., & JOHNSTON, J. (1997b). *In The Name of The Child*. Free Press, New York.

Santé Canada. (2000). *Aider les enfants et les adolescents à vivre la séparation et le divorce*. Ottawa : Publications Santé Canada. www.promotionsantementale.com
http://www.phac-aspc.gc.ca/mh-sm/mhp-psm/pub/life-vie/index-fra.php

SELTZER, J. A. (1991). « Relationships Between Fathers and Children Who Live Apart : The Father's Role After Separation », dans *Journal of Marriage and the Family*, 53, 79-101.

SIMONS, R. L., LIN, K.-H., GORDON, L. C., CONGER, R. D., & LORENZ, F. O. (1999). « Explaining The Higher Incidence of Adjustment Problems Among Children of Divorce Compared With Those in Two-Parent Families», dans *Journal of Marriage and the Family*, 61, 1020-1033.

Statistique Canada. (1998). Enquête longitudinale nationale sur les enfants et les jeunes : Les changements dans l'environnement familial. Le Quotidien, 2 juin 1998.

Institut de la Statistique du Québec. (2008). Les mariages et les divorces. Tableau tiré du site Web http://www.stat.gouv.qc.ca/donstat/societe/demographie/etat_matrm_marg/index.htm.

**Catalogage avant publication de Bibliothèque et Archives
nationales du Québec et Bibliothèque et Archives Canada**

GAGNIER, NADIA, 1973 -

Mes parents se séparent-- et moi alors? : la séparation des parents
et les familles recomposées

(Vive la vie-- en famille)
Comprend des réf. bibliogr.

ISBN 978-2-923681-32-0

1. Séparation chez l'enfant. 2. Enfants de parents séparés -
Psychologie. 3. Garde conjointe des enfants. 4. Familles recomposées.
I. Titre. II. Collection: Gagnier, Nadia, 1973-   . Vive la vie-- en famille.

HQ777.5.G33 2010   306.89   C2010-940419-X

Les Éditions La Presse

Auteure
Nadia Gagnier, Ph. D.,
Psychologue

Président
André Provencher

Editrice déléguée
Martine Pelletier

Illustrations
Nancy Bélanger

Conception graphique
Ose Design

Infographie
Ose Design

*Dépôt légal – Bibliothèque
et Archives nationales du
Québec,
1er trimestre 2010*

*Dépôt légal – Bibliothèque et
Archives Canada,
1er trimestre 2010*

ISBN 978-2-923681-32-0
Imprimé et relié au Québec

LES ÉDITIONS
LA PRESSE

Les Éditions La Presse
7, rue Saint-Jacques
Montréal (Québec)
H2Y 1K9

514 285-4428

*Les Éditions La Presse remercie le
gouvernement du Québec de l'aide
financière accordée à l'édition de cet
ouvrage par l'entremise du Programme
de crédit d'impôt pour l'édition de
livres, administré par la SODEC.*

*Nous reconnaissons l'aide financière
du gouvernement du Canada par
l'entremise du Programme d'aide
au développement de l'industrie de
l'édition (PADIÉ) pour nos activités
d'édition.*

*Les Éditions La Presse remercie
la Société de développement des
entreprises culturelles (SODEC) pour
son aide financière dans le cadre de
ses activités d'édition.*

Vive la vie... EN FAMILLE

Dans la même collection